학교 문화 리더십

School Culture Recharged
Strategies to Energize Your Staff and Culture

Steve Gruenert · Todd Whitaker 공저 | 주삼환 · 이석열 · 신붕섭 · 김규태 공역

학지사

선진국은 문화 예술, 윤리 도덕이 선진이지 물질과 국민소득이 높아 선진이라고 하지 않는다. 모든 나라는 자기 나라 문화를 자랑하려고 한다. 우리나라도 우리 문화를 자랑하지만 문화 선진국들이 우리나라를 자기들 집단에 기꺼이 끼워 주려고 하지 않는 것 같다. 우리는 계속 높은 문화를 추구해야 할 것이다.

농경사회, 산업사회, 지식정보사회를 거쳐 다음 사회는 4차 산업혁명 시대라고 이야기한다. 그러나 문화가 바탕에 깔려서 문화와 결합해야만 비로소 온전한 선진사회가 될 수 있을 것으로 본다. 경제도 문화와 결합하여 컬처노믹스가 되어야 문화로 돈도 벌고 삶도 윤택해진다. 그야말로 두 마리 토끼를 잡을 수 있는 것이다.

우리는 그동안 교육을 잘해 보겠다고 교육개혁과 혁신을 외쳐 왔다. 첫 번째로 '더 많이(the more)' 하면 교육이 잘될 거라 생각해서 더 많이 어려운 것을 가르치고, 더 많이 학원에 보내고, 더 많이 고등교육을 하고, 더 많이 교사를 연수시키고, 더 많이 월급과 성과급을 주는 데에 열중했다[교육개혁의 제1물결인 더많이주의(themoreism)]. 그런데 교육에서 이러한 대량생산 시대의 물결은 이제는 지나가서 '더 많이'를 계속 붙잡을 이유가 없음에도 우리나라의 교육은 아직도 여기에 빠져 있다. 이제 교육에서도 양(量)이 아니라 질(質)이 중요하다. '많이 가르치고도 실패하는 교육'을 하지 말고 덜 가르치고도 성공하는 교육을 해야 한다.

두 번째로 구조개혁(restructure)에 열을 올렸다(교육개혁의 제2물결). 교육의 조직과 체제를 바꾸고 책상 놓는 위치를 아무리 바꿔도 분위기와 공기, 바탕이 바뀌지 않으면 교육의 질은 향상되지 않는다. 학교운영위원회를 만들고 학교 안에 인사위원회를 두고 대학의 구조개혁을 하겠다는 것도 교육개혁의 제2물결인 구조개혁에 해당한다. 그런데 구조개혁도 제대로 하지 못했지만 구조개혁을 했어도 학교의 최종 산물인 교육의 질과 학생들의 성취는 올라가지 못했다. 이런 상황 때문에 조직의 문화를 바꿔야(Re-culture) 제대로 교육개혁이 되고 교육의 질도 올라갈 것이라 생각하게 되었다. 교육문화개혁, 학교문화개혁이 교육개혁의 제3물결로 대두된 것이다. 아직도 '더많이주의'에서 헤어나지 못하고 말로만 '구조개혁'을 떠들고 있는 실정 속에서 아이들만 녹초가 되고 교사들만 탈진하고 관료들은 쓸데없는 일에 바쁜 척 밤샘하는 척하고 있다. 그리고 쓸데없는 데에 아까운 많은 돈을 들이붓고 있다. 교육부가 사업소인가? 웬 교육부 사업이 그리 많은가? 민주화를 한다고 구조개혁에 해당하는 책상 위치를 바꿔 놔도 교육의 질은 높지 않고 학생들이 학교에서 얻어 가는 것은 오히려 쓸데없는 지식에 불과해 그들이 살아갈 미래사회에는 도움이 안 되어 공교육이 외면받고 있다. 이를 개선하기 위해서는 학교에 한국 특유의 '신바람 문화'를 불러일으켜야 한다.

이 책은 학교문화, 학교문화 리더십에 관한 책이다. 학교문화란 각 학교의 개성이라고 할 수 있다. 사람마다 개성과 인성이 있고 또 이것이 서로 다르듯이 각 학교도 개별적인 독특한 특성이 있다. 사람에게 인격(人格)이 있듯이 학교마다 교격(校格)이 있고 국가마다 국격(國格)이 있다는 생각과 같다. 학교마다 독특한 특성에 해당하는 학교문화가 교사와 학생에게 좋은 영향을 미쳐서 교육의 질 향상으로 연결된다. 문화가 사람을 발전시키면 또 학교 안에 있는 사람, 특히 교직원이 좋은 학교문화를 지키게 되는데, 여기서 교육리더와 학교리더들이 중요한 학교문화 리더십을 발휘할 수 있어야 한다.

그런데 우리나라에서는 학교문화 형성과 학교문화 리더십 발휘에 어려움이 있다. 모두 중앙 통제에 의한 전국 획일 교육이 되고 있기 때문에 각 학교의 독특한 문화가 존재하기 어렵다. 사립학교도 무시되고 있고, 심지어는 대학까지 지시 감독 명령에 의하여 교육이 이루어지고 있기 때문에 학교문화가 형성되기 어렵고 리더십이 발휘되기도 어렵다. 하지만 그럼에도 교육은 개별 학교에서 이루어지므로 각 학교에 초점을 맞춰야 한다. 아무리 어려워도 학교문화와 학교문화 리더십의 방향으로 가야 한다.

학교는 가르치는 곳이 아니고 배우는 곳, 학습하는 곳이기 때문에, 첫째, 학습문화가 중요하다. 교사가 배워야 학생이 배울 수 있으므로 교사들의 전문학습공동체(professional leaning communities)가 강조되고 있다. 교사가 공동으로 배우고 연구해서 가르쳐야 한다. 언제까지 교육부장관과 교육감이 시키는 대로 대한민국 교사가 학생들을 가르칠 것인가? 언제까지 60만 명이 한날 한시에 EBS 교재에서 출제된 암기식 문제를 외워서 답하는 시험을 보아야 할 것인가? 언제까지 노량진에서 외워서 공부한 사람을 교사로 채용할 것인가? 학교에서 신뢰문화를 형성하지 못하면 교육은 겉돌 수밖에 없다. 불신 속에서는 교육이 존재할 수조차 없다. 공교육과 학교, 교사가 사회와 국민으로부터 신뢰를 받지 못하면 백약이 무효이다. 둘째, 자율과 책임문화를 형성해야 하는데, 이는 전문직 문화와 연결된다. 교사를 기계 산업시대의 부품으로 써먹을 생각을 갖고 있는 교육부와 정부가 정말로 미련하고 불쌍하다는 생각이 든다. 교사는 소모품이 아니다. 원로교사 1명을 쫓아내고 신임교사 3명으로 대체할 수 있다고 거짓 선전했던 사람들이 교사를 소모품으로 보았던 사람들이다. 셋째, 학교에는 협력문화가 중요하다. 한 환자를 치료하기 위해서 전 전공분야 의사의 협진(協診)과 협치(協治)가 필요하듯이 한 인간의 바른 교육을 위해서는 주변에 모든 관련된 사람이 협력하는 협력문화가 필요하다. 한 아이를 기르기 위해서는 온 마을이 필요하다고 하지 않는가? 이러한 학교문화로 성공하고 있는 나라가 바로 핀란드이다. 이제 기계도 스스로 공부하여 병을 진단하고 바둑도 두고 전략도 세워 게임하는 시대가 아닌가? 자동차도 스스로 운전해서 길을 찾아가는 자율주행 시대인데 언제까지 교사를 지시명령해서 부려 먹을 셈인가? 조금 부족해 보이더라도 교사를 전문직으로 보아 주고 교사들 자신도 전문직으로 인정받기 위해 피나는 노력을 해야 한다.

우리나라는 국민의 교육과 교사의 수준이 높다고 하지만 이들의 방향을 찾아 리드해 나갈 리더십이 부족하다는 데 문제가 있다. 또 국가의 리더들이 국민과 교사, 학생, 학부모의 신뢰를 받지 못하는 상황도 문제이다. 리더가 국민을 걱정하는 게 아니라 국민이 리더를 걱정하는 뒤집힌 세상이 된 것이다. 윗물이 진흙탕인데 아랫물이 맑을 수 있겠는가? 이제는 어린 리더를 체계적으로 길러 낼 생각을 해야 한다. 교육감과 교장은 같이 학교를 리드해 나갈 학교리더이다. 교육감의 역할도 정치인, 행정가이기 이전에 첫번째로 학생 교육을 책임진 교육자인 것이다. 특히 유 · 초 · 중등 교육자이다. 그다음 두 번째가 행정 집행자이고, 세 번째 역할과 기능이 비교육자인 정책결정자(교육위원)들로 하여금 교육적 결정을 하도록 의견을 제시하고 설득하는 자문자 역할을 하는 것이다. 초 · 중등교육을 모르고 경험 없는 사람을 교육감 자리에 있도록 해 놓은 것은 잘못이다.

문화는 문화조직, 교육조직에서 먼저 강조되었어야 하는데 기업 쪽에서 먼저 **기업문화**로 강조되다가 뒤늦게 학교문화로까지 강조되고 있다. 우수한 기업은 모두 우수하고 독특한 기업문화가 있더라는 연구가 나오면서 기업문화에 대한 연구와 관심이 집중되었다. 마찬가지로 학교교육이 바르게 잘 되려면 건전한 학교문화를 형성해야 한다. 여기에 교장, 교육감 등 학교리더들의 리더십이 발휘되어야 한다. 미국 교육행정에서 1960년대 '조직풍토'라는 개념과 조직풍토를 측정하는 도구인 'OCDQ'가 유행한 적이 있는데, 학교문화를 이것과 연결시켜 봐도 좋을 것이다. 이 책은 미국 책을 번역한 학교문화와 학교문화 리더십에 관한 책이므로 우리 학교문화에 맞게 발전시키는 노력이 요구된다.

공역자들은 Shein, Edgar H. 『Organizational culture and leadership: A dynamic view』(1985), Pai, Young. 『Cultural foundations of education』(1990), Senge, Peter M. 『The fifth discipline: The art and practice of the learning organization』(1990), Cunningham, William G. and Gresso, Donn W. 『Cultural leadership: The culture of excellence in education』(1993), Bruner, Jerome. 『The culture of education』(1996) 등의 도서를 교과서로 택하여 조직문화에 관하여 공부를 하고 또 박사학위 논문으로 발전시키기도 하며 계속 학교문화에 관심을 가지고 공부해 왔다. 그러다가 결국 새시대에 맞게 교육이 바뀌고 학교가 발전하려면 학교문화가 바뀌어야 하고, 학교문화를 바꾸려면 학교리더십

이 필요하다는 생각에서 이 책을 번역하게 되었다. 결국은 학교 교육이 잘 되려면 학교에 믿고 맡기는 수밖에 없다고 본다. 또 학교가 믿을 수 있게 해 줘야 한다.

2019. 2.
역자를 대표하여 주삼환

저자 서문을 대신한 이 책의 개요

왜, 어떤 학교는 성공적인 학교가 되고 어떤 학교는 실패하는 학교가 되는지 이상하다고 생각해 본 적이 있습니까? 왜 어떤 교육정책은 그 정책이 기대했던 만큼 성공하지 못하고 실패하여 사라지게 될까요? 이 책의 전작(前作)에 해당하는 『학교문화 활성화: 학교문화의 정의, 사정, 변혁(School Culture Rewired: How to Define, Assess, and Transform It)』을 주의 깊게 읽고 추적하여 살펴보면 이 책의 저자 스티브 그루엔어트(Steve Gruenert)와 토드 휘터커(Todd Whitaker)는 여러분 학교의 문화와 교직원에게 긍정적인 활력을 불어넣는 실제적인 조언과 전략을 제시해 줄 것입니다. 특히 하나의 지침서로 쓰인 이 책, 『학교문화 리더십(School Culture Recharged)』에서는 학교 발전을 위한 노력의 열쇠가 되는 학교문화와 학교풍토(school climate)의 차이에 대하여 명확하게 밝혀 줄 것이고, 또 학교 발전의 핵심에 관심을 집중할 수 있게 해 줄 것입니다. 여러분은 이 책을 통하여 최소한 다음 네 가지를 배우게 될 것입니다.

첫째, 여러분은 지금의 학교문화를 여러분이 원하는 발전된 학교문화로 바꾸는 방법에 대하여 배우게 될 것입니다.

둘째, 여러분 학교의 수업을 향상시키고, 교직원의 직무만족과 사기를 높이고 진작시키기 위하여 학교문화를 어떻게 활용할 것인가에 대하여 배우게 될 것입니다.

셋째, 전문학습공동체(Professional Learning Communities: PLC)의 목적을 최대한 달성할 수 있도록 도와줄 것입니다.

넷째, 학교문화를 긍정적으로 변화시키는 데에 도움이 되는 학교조직의 관습—규정과 의식 등—을 개발하는 방법에 대하여 배우게 될 것입니다.

이 책 『학교문화 리더십』은 모든 수준의 학교에서 근무하는 교육자에게 절체절명의 이 메시지를 전해 줄 것입니다. 학교문화를 변혁시키는 리더십에 관한 이해와 접근으로

(1) 교사가 열심히 일하며 근무하고 싶게 하고,

(2) 학교행정가들은 가장 중요한 본질적인 문제에 그들의 노력을 집중할 수 있게 해 주고, 최종적으로는

(3) 학생들로 하여금 활기차게 공부할 수 있게 해 주는 그런 학교로 만들어 줄 것입니다.

차례

◆ 역자 서문 _ 3
◆ 저자 서문을 대신한 이 책의 개요 _ 11

서론 • 19

CHAPTER
1

조직 내 사람과 문화 간의 역동성 탐색 • 27
조직풍토와 조직문화 _ 30
미묘한 균형 _ 33

CHAPTER
2

학교 활력화의 학교문화 • 35
5년 전의 학교와 5년 후의 학교 _ 38
학교문화란? _ 40
변수로서의 과거, 현재, 미래 _ 44

CHAPTER

3

의도적인 학교문화 형성 · 51

효과적으로 일하는 교사들의 섬 _ 55

학교문화를 파괴하고 안전지대 구축하기 _ 56

CHAPTER

4

교직원을 활력 있고 풍요롭게 하는 학교문화 · 65

스트레스를 건설적으로 활용하는 방법 _ 68

동료 압력의 힘 _ 75

다양한 신념을 억압하는 학교문화 _ 76

리더의 역할: 규범 설정자와 양심적 봉사자 _ 80

CHAPTER

5

수업 개선을 위한 학교문화 · 87

교사가 모두 똑같게 길러진 건 아니다: 집단에 미치는 협력의 효과 _ 91

학습의 계기 보호 _ 96

이제 무엇을? _ 100

CHAPTER

6

학생 목소리에 귀 기울이기 · 103

다양한 렌즈를 통해 학생참여와 수업을 보기 _ 106

학생 제공 정보에 대한 반응에 영향을 주는 학교문화 _ 110

CHAPTER 7

학교문화의 층 이해 · 113

학급문화 _ 117

학교문화 _ 119

미국 교육구 수준의 문화 _ 121

도전적인 상황에서 협력문화의 필요성 _ 123

각 문화 간의 상호 관계성 _ 126

CHAPTER 8

문화-사람 간 균형 방해 · 129

'충실 직원' 식별 _ 133

강한 교사로 훈련 시키기 _ 136

변화를 향한 자기성찰 _ 143

CHAPTER 9

정책도 프로그램도 아닌 비난 제거 · 145

전문직 복장: 하나의 정책 사례 _ 148

위로 클립, 아래로 클립: 학급관리 전략 _ 151

#월요일축하의식: 문화 파괴 _ 154

일상(日常)의 차이 _ 158

CHAPTER 10

전문학습공동체로 문제해결 · 161

전문학습공동체란? _ 163

방 안에서 가장 똑똑한 사람 _ 165

가장 중요한 것: 리더십과 문화 _ 169

차례

CHAPTER
11

리더십 계량화(LBN) · 173

LBN: 문화의 변화 _ 176

문화 이해의 언어 _ 181

리더십의 다른 측면에 LBN 적용하기 _ 184

요약 _ 187

CHAPTER
12

새로운 조직습관 개발 · 191

태도, 개성, 성향 _ 193

의식과 관습을 지렛대의 작용점으로 활용하기 _ 196

저항과 수용 간의 간격을 이용하기 _ 199

격차의 이점을 이용하기 _ 200

CHAPTER
13

학교문화 관리 · 203

학교문화 형성자 _ 208

언제 취소 버튼을 누를 것인가? _ 216

문화의 사람 보호와 사람의 문화 보호 _ 222

왜 무능력한 사람들은 도움을 청하지 않나 _ 223

CHAPTER
14

직무만족과 사기를 진작하는 문화형성 · 227

학교문화가 가장 강력할 때 _ 230

문화의 문제는 문제가 아니라는 것이다 _ 233

과업의 우선순위 정하기 _ 240

CHAPTER 15

교직을 자랑스러워하는 문화형성 · 243

학교의 고유 브랜드 만들기 _ 247
자부심의 재현 _ 249

CHAPTER 16

결론적 생각 · 251

학교문화, 미션, 비전 중 무엇으로 학교를 운영하는가? _ 253
문화충격을 줄이기 위한 문화적 거리 이해 _ 254
문화에 귀 기울일 때와 무시해야 할 때 _ 256

◆ 참고문헌 _ 259
◆ 찾아보기 _ 263

차례

서론

우리는 여러분이 이전보다 더 좋게 교직원과 학교를 발전시킬 수 있도록

학교문화의 힘과 사람의 힘을 활용하기를 원한다.

우 리는 이 책의 전작(前作)에 해당하는 『학교문화 활성화: 학교문화의 정의, 사정, 변혁(School Culture Rewired: How to Define, Assess, and Transform It)』(Gruenert & Whitaker, 2015)에서 적절한 학교문화를 이해하고 형성하는 방법에 대하여 기술하려고 하였다. 바꿔 말하면 우리 두 공동저자는 독자 여러분이 현재 여러분 학교의 문화의 상태가 어떠하고, 학교문화가 교사의 행위에 어떻게 영향을 주고 있으며, 학교리더들이 현재의 학교문화에 만족하지 못한다면 어떻게 새로운 학교문화를 형성하기 시작할 것인지에 대하여 이해를 도우려고 하였다.

『학교문화 활성화: 학교문화의 정의, 사정, 변혁(School Culture Rewired)』에 대한 반응은 놀라울 정도였다. 교육자들의 자기 학교와 조직의 문화에 대한 이해와 관심의 정도는 놀라울 정도로 높았다. 공동저자는 개인적인 접촉과 전 세계적인 발표와 소셜미디어를 통하여 많은 독자와 접촉할 수 있어서 무한히 기뻤다(Twitter @SteveGruenert와 @ToddWhitaker). 여러분이 원한다면 이 책에서 그 반응에 대하여 알아볼 수 있을 것이며 독자들 중에는 마치 바이러스 전염처럼 퍼져 나가 학교문화를 변혁시키는 현상을 보이기도 했다(#CelebrateMonday).

이 책에서 저자들은 학교와 교직원들을 발전시키기 위하여 학교문화를 부정적·공격적으로 접근하기보다는 오히려 긍정적으로 활용하고 보다 실제적으로 적용하는 방법을 리더들에게 제공하려고 한다. 우리는 독자 여러분이 단지 학교문화의 개념만을 이해하는 것을 원하지 않는다. 이보다는 우리는 여러분이 이전보다 더 좋게 교직원과 학교를 발전시킬 수 있도록 학교문화의 힘과 사람의 힘을 활용하기를 원한다.

이 책은 독서용으로 쉽게 읽을 수 있도록 썼다. 마치 우리가 잘 아는 영화 [폴 워커(Paul Walker)의] 〈분노의 질주 7(Fast and Furious 7)〉을 보는 것과 같이 읽을 수 있도록 썼다. 그래서 만일 여러분이 앞의 여섯 편 중에서 중간의 4편을 보지 못하고 놓쳤다고 하더라도 7편을 감상하고 따라잡는 데는 크게 지장이 없는 것과 같다.

만일 여러분이 전작 『학교문화 활성화』란 책을 읽었다면 여러분의 조직과 조직 내 귀중한 사람인 인적자원을 개발하고 발전시키는 방법을 이미 머릿속에 그리고 있을 것이다. 여기서는 우리가 학교문화와 사람인 교직원을 모두 활성화시키려고 할 때 모든 사람이 속도를 올릴 수 있도록 몇 가지 주요 핵심에 대하여 간단히 언급하고 싶다. 우리는 『학교문화 활성화』에서 학교리더들이 새로운 학교문화를 형성하는 데에 요구되는 수준을 나타내는 하나의 모델을 제시하였다(당시의 것을 약간 변형시킨 [그림 A]를 보라).

일단 학교리더가 학교문화의 개념에 대하여 기초적인 이해를 하였다면 이제는 실천연구(action research) 수준으로 들어가야 한다. 이것이 순환적인 여행(cyclical journey)인데 이는 과거의 경험이 다음 경험에 더 많은 의미를 전달하도록 각 수준을 반복함으로

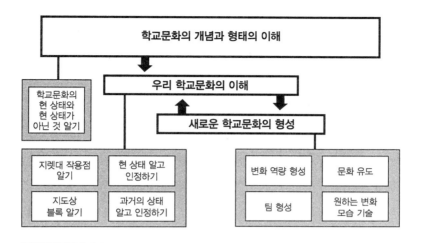

[그림 A] 새로운 학교문화 형성 수준

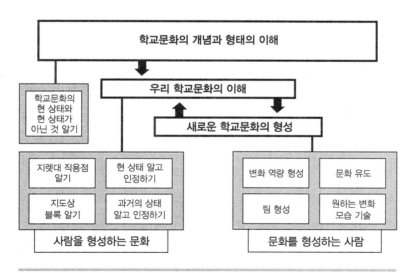

[그림 B] 사람에 의한 새로운 학교문화 형성

[그림 A, B] 출처: 『학교문화 활성화: 학교문화의 정의, 사정, 변혁(School Culture Rewired: How to Define, Assess, and Transform It)』 (p. 3), S. Gruenert & T. Whitaker, Alexandria, VA: ASCD에서 수정·보완.

써, '현재 우리는 누구인가(who we are)'를 사정(査定)하는 것에서 시작하여 '우리가 도달하고자 하는 목표 지점이 어디인가(where we want to go)'에 대해 생각하도록 해 준다. 이는 수십 년 전에 듀이(John Dewey)가 말한 개념(Dewey, 1938)과 같다.

[그림 B]에서 우리 공동저자는 우리의 기본모델과 실천연구(action research) 접근을 견지하고 있지만 (1) 인적자원인 **사람**이 문화를 형성한다는 점과, (2) 동시에 **문화**가 사람의 모습을 만든다는 두 아이디어를 추가하였다. 문화를 형성하고 만드는 데에는 사람들이 필요하다. 한 사람 혼자서 문화를 만들 수도 없고 한 사람이 하나의 문화를 가질 수도 없다. 우리가 충분한 오랜 시간을 여러 사람들과 함께 하게 되면 좋든 싫든 하나의 문화가 생겨날 수 있다. 학교리더들이 이 두 가지 점을 인정하고 이를 믿는다면 이 책은 많은 의미를 줄 것이다.

다른 작업과 마찬가지로 학교문화에 관한 저술도 하나의 발전과 진보의 과정과 비슷하다. 앞으로 우리는 언제 우리의 마음을 바꾸어 지금 썼던 내용을 변경하게 될지도 모른다. 단지 현재 이책이 우리의 생각을 가장 잘 나타내고 있다고 말할 뿐이다. 문화에 관하여 저술한다는 것이 하나의 정밀과학이라고는 할 수 없고 단지 학교리더들과 계속 접촉하고 연구를 계속하는 가운데 발전시켜 나가는 것이 우리가 할 수 있는 최선의 길이라고 생각한다.

우리는 이 책을 (1) 학교 발전을 위한 학교문화의 활용, (2) 학교문화의 형성과 발전을 위한 사람(인적자원, 교직원)의 활용, 그리고 (3) 사람(인적자원, 교직원)의 직무만족과 사기진작을 위한 학교문화의 활용이라는 주요 세 개념으로 나누어 편집하였다. 우리는 학교문화를 잴 수 있는 알고리즘이 가능한지 알아보기 위하여 수학적 접근을 시도하고, 또 수업을 좀 더 냉정하게 보려고 시도하였다. 이러한 접근이 사람들의 행위에 다가가 강력한 장치가 될 수 있었으면 좋겠다.

우리는 이 책 전체를 통하여 독자 여러분이 새로운 아이디어를 적용하려고 할 때 사용할 수 있는 활동과 도구를 제시하였다. 여러분이 학교문화 전문가가 될 수 있도록 우리가 보장해 줄 수는 없지만 이 책은 최소한 여러분이 올바른 방향으로 가는지, 아니면 잘못된 방향으로 나아가고 있는지 알아보는 데에 도움이 될 것으로 본다. 이는 우리가 비행기나 자동차에 타고 있을 때 기계가 움직이는 작동과정을 잘 모르지만 최소한 속도가 올라가고 있는지 내려가고 있는지는 알 수 있는 것과 같다.

이 책을 읽으며 즐길 준비를 하자. 사람(인적자원, 교직원)을 발전시키기 위하여 문화를 활용하고, 거꾸로 학교문화를 형성하고 발전시키기 위하여 사람(인적자원, 교직원)을 활용하는 방법에 관하여 우리 서로 생각을 나누기로 해 보자. 모쪼록 즐거운 독서가 되길 빈다.

CHAPTER
01

조직 내 사람과 문화 간의 역동성 탐색

대부분의 학교리더들은 학교문화를 극복해야 할 도전으로 생각하지만

우리는 학교리더들이 학교문화를 학교 발전의 동력으로 활용하는

모습을 보고 싶다.

학교문화라는 말은 쉽게 포착하기 어려운 개념이다. 특히 우리가 오랫동안 그 문화의 한 부분으로 생활해 온 상황에서 문화를 정의하거나 기술하려고 할 때에는 더욱 어려운 개념이다. 또 만일 우리가 하나의 문화를 기술할 수 있다고 하더라도, 그 문화를 긍정적인 방향으로 이행시키는 것은 커다란 과제이기도 하다. 근본적으로 문화라는 것은 변화하지 않으려 하는데, 특히 우리가 한 부분이라도 이를 변화시키고자 할 때 그렇다는 것을 알 수 있다. 이러한 저항성 때문에 문화를 바꾸기는 매우 어렵다. 더욱이 변화해야 할 사람들조차도 똑같이 변화에 주저한다는 것을 우리는 잘 알고 있다. 사람들은 변화가 결과적으로 자기들에게 이익과 도움을 주는데도 불구하고 변화를 피하여 안전지대로 들어가려 하고 조금이라도 귀찮게 되길 원하지 않는 경향이 있다.

이 책에서 우리는 '문화의 개선'과 '사람의 개선'이라는 두 개의 도전을 동시에 달성하고자 한다. 이 둘은 아주 밀접하게 상호 연결되어 있다. 대부분의 학교리더들은 학교문화를 극복해야 할 도전으로 보겠지만 우리는 학교를 발전시킬 수 있는 동력(動力)으로 보고자 한다. 그리고 우리는 일반적으로 '사람'과 '문화', 이 둘을 동시에 다루어야 할 것으로 본다. 문화보다 좀 포착하기 쉬운 '조직풍토

(역주: 1960년대 미국에서 유행했던)'를 활용하여 상호작용의 개념에 대하여 먼저 살펴보기로 한다.

조직풍토와 조직문화

먼저 우리는 풍토와 문화가 같은 것이 아니라는 데에 동의한다. 풍토는 교내에 형성된 하나의 태도(attitude)라고 이해하면 아주 좋을 것이다. 학교 구성원들이 일정한 상황에서 보여 줄 것으로 예상되는 집합적인 느낌(feeling)이라고 할 수 있다. 이런 느낌은 월요일과 금요일에 다를 것이고, 또 내일은 눈이 올 것이라고 하면 또 변하는 그런 것이다. 그런데 문화는 풍토보다 훨씬 더 크고 넓은 개념이다. 문화는 학교 현장(building)의 개성과 인격(personality), 즉 국격(國格)이란 말이 있는 것처럼 그야말로 교격(校格)에 해당하는 것이다. 문화는 한 집단의 '전문직적 종교(professional religion of the group, 역주: 종교처럼 전문직 종사자에게 행위규범을 정해 줌.)'와 같은 것이라 할 수 있다. 문화는 풍토로 하여금 문화가 하는 것처럼 행위하라고 행동의 범위를 정해 준다.

한 학교 안에는 여러 '하위풍토(subclimates)'가 존재하게 되는데, 예를 들면 학생풍토, 교사풍토(학부모풍토, 지역사회풍토 등등) 등이 있다. 풍토를 부정적이냐 긍정적이냐의 측면에서 보아, 10점을 가장 긍정적으로 하고 1점을 가장 부정적으로 하는, 1~10점 척도의 어느 한 점에 놓이게 된다. 만일 여러분의 학교에 학생풍토와 교사풍토가 있다고 한다면 이들 풍토는 서로 다를 것이나 상호 밀접하게 연결되어 있을 것이다. 예를 들면, 어떤 학교가 긍정적인 교사 풍토를 가지고 있고(10점 척도상 8점), 부정적인 학생풍토(10점 척도상 2점)를 가지고 있다면 이 학교의 학교문화는 그것을 하나의 정상적인 규준(norm)으로 받아들이게 된다. 만일 교사들이 이 학교에서 행복하게 일을 하는데(10점 중 8점으로), 교사들이 상호작용하는 학생들은 매일 부정적인 분위기와 태도를 갖는다면(10점 중 2점으로) 어떤 교사들은 이런 상황이 되레 자신들의 직무를 더 쉽게 수행할 수 있게 만든다고 생각할 수도 있다. 풍토는 문화를 가리키는 하나의 지표라는 것을 상기해 보자. 그리고 학생들이 항상 시무룩하다면 문화가 그렇게 형성되어 왔기 때문일 것이다. 만일 교사들이 어떤 학교에서(앞 예에서처럼) 행복해 한다면 학생들이 행복하지 않기 때문일지도 모른다(그렇게 문화로 굳어져서). 즉, 풍토와 문화는 동일한 것이 아니지만 서로 연결되어 있다.

아주 간단한 예로 학생들이 수업 중에 탄산음료를 마시고 사탕을 먹어도 좋다고 학교가 결정한다면 일시적으로 '행복'에 겨워하는 학생풍토를 가져다 줄지도 모른다. 그러면 학생들은 긍정적으로 되고 다음 날 더 신나서 교실에 들어갈 것이다. 그러나 여러분이 상상할 수 있는 것처럼 이런 결과에 의하여 교사풍토는 더 나빠지게 된다. 교사들과 시설 청소 관리인들은 음료수가 엎질러진 자국, 지저분하게 어지럽힌 곳, 난잡한 곳을 치워야 하기 때문에 학교 안에서 부정적 감정을 느끼게 된다. 그리고 어떤 점에서는 여기서 생기는 교사들의 불만이 학생들의 태도(학생풍토)를 나쁘게 여기면서 그들을 다루게 하고, 그러면 학교문화도 똑같이 학생들을 부정적으로 인식하는 방향으로 형성될 수 있다. 교사풍토와 학생풍토는 둘 다 이미 정해진 규준이나 평균점을 지향하여 가려는 경향이 있다는 사실을 우리는 좀 민감하게 받아들여야 할 것으로 본다. 어떤 사람들은 이런 경향을 좋아하지 않고 평균점 주변을 편안한 지역이라고 생각하게 한다.

어떤 구조적인 변화에도 불구하고 모든 하위풍토는 규준과 평균으로 되돌아가는 길을 찾게 될 것이다. 교사들은 자기들이 지지하지 않는 학생 행위와 규율에 관한 정책이나 방침이라고 믿기 때문에 낮은 풍토(부정적인 교사 사기)를 보인다면, 이러한 믿음은 곧 교수와 수업에 대한 교사들의 열정을 현저하게 떨어뜨리게 될 것이고 아마 학교와 교실에서 느끼는 안정감에도 심각하게 영향을 주게 될 것이다. 그러나 많은 학생(전체 학생은 아니지만)은 이 '무제한(제한하지 않은)'이라는 학생 행위와 규율 접근을 즐기게 될수록 학생의 사기와 풍토는 높아질 수 있다. 그러나 교사풍토를 저해하는 상황에 따라 학생에 대한 교사들의 행동은 결과적으로 학생풍토를 나쁘게 떨어뜨리게 될 것이다. 학교가 학생 행위에 더 많이, 더 엄격하게 제한할수록 아마 교사들은 더 긍정적일 것이지만 너무 지나치게 학생 행위와 규율을 제한하면 학생풍토는 나쁘게 되고 학생들은 고통을 받게 된다. 그리고 매일매일 학생들의 욕구 성향과 태도가 악화될수록 교사들의 열정 또한 하향으로 기울게 될 것이다.

미묘한 균형

문화와 사람(구성원) 사이의 역동성은 미묘하고 예민한 균형관계를 이루고 있다. 만일 여러분이 올바른 손잡이와 도르래를 찾아 잡는다면 여러분은 한쪽을 다른 쪽의 성장을 돕는 데 사용할 수 있다. 또한 조직을 보다 성공적이고 협력적으로 만드는 데 도움이 되는 시너지를 발휘하도록 문화와 사람 양자를 조심스럽게 발전시킬 수 있다.

앞의 예에서 말한 것처럼 교사풍토와 학생풍토 사이의 관계성은 한 조직에서 문화와 사람 사이의 관계성에 비유할 만하다. 어떤 상황에서는 한쪽이 다른 쪽을 낮게 또는 나쁘게 만든다는 의미에서 그 관계성은 부정적인 관계가 된다. 그러나 이 책의 목적은 문화와 사람이 서로 상승작용을 하게 할 수 있는지에 대하여 여러분이 이해할 수 있도록 돕고자 하는 데 있다. 여러분의 학교에서 문화와 사람이라는 두 요소는 이미 서로 영향을 주고 있고, 또 문화와 사람 사이의 관계성을 통제하고 리드하기 쉽지 않지만 어떤 측면에서는 학교의 리더로서 여러분은 이미 어느 정도 통제하고 있을지도 모른다. 학교문화에 대하여 얼마나 알고 있는지 학교리더의 이야기에 귀를 기울일 필요가 절실하다.

/ / / / / / /

　　다음 장에서는 많은 사람이 정의를 내린 '리더십'의 개념에 대하여 논의하고자 하는데, 전략적으로 그리고 계량적으로 학교문화를 개선할 수 있는지에 대하여 생각하는 데에 도움이 될 것으로 본다. 만일 우리가 문화를 사람들의 총합으로 생각하고, 사람을 문화를 구성하는 요소로 생각한다면 문화와 사람 사이의 뗄 수 없는 상호관계성을 이해하는 데에 도움이 될 것이다. 재능(才能)이 뛰어난 새로운 직원을 보탬으로써 그리고 이미 재직하고 있는 기존 교사를 계속해서 지원하고 성장시킴으로써 지금의 문화를 보다 생산적으로 발전시킬 수 있다. 긍정적인 방향으로 문화가 발전함에 따라 보다 능력 있는 사람들의 노력을 이끌어 내고 재질 있고 타고난 능력자들을 많이 끌어들여 발전시키는 데 도움이 될 것이다. 모든 사람은 승자의 편에 서고 싶어 하고, 긍정적인 문화를 형성하면 보다 재능이 뛰어나고 열정적인 사람들이 저절로 기회를 잡으려고 몰려들게 된다. 모든 사람은 남다르게 되고 싶어 한다. 문화가 학교 발전에 어떻게 기여할 수 있는지 이해하는 것으로부터 독서 여행을 함께 떠나 보자.

스터디 가이드

1. 변화에 편안한 마음을 갖게 할 수 있는가?

2. 교사가 상호 간에 어떻게 대하든 상관없이 학생들은 성공적일 수 있겠는가?

3. 이 장에서 나온 '전문직적 종교'라는 용어가 여러분에게 어떤 의미로 다가오는가?

학교 활력화의
학교문화

학교문화는 침대 밑에 숨겨진 괴물이 아니라 문간에 서 있는 눈에
보이는 경비원에 해당된다.

'조직문화'에서 '문화'라는 말은 좀 모호한 용어이다. 우리가 정치나 종교, 스포츠에 대하여 논의할 때 배후에서 작동하고, 작동시킨 결과에 영향을 주는 '문화'가 있을 것으로 생각한다. 이러한 점을 생각해 보면 문화는 '장면의 배경(behind the scenes)'이기보다는 오히려 '전면(in your face)'에 나타나는 것이다. 20세기 내내 각계각층의 많은 저자가, 조직은 저마다 문화를 가지고 있다고 주장해 왔다. 21세기 초반에는 문화가 조직의 생산성에 어떻게 영향을 주는지에 대하여 많은 저술이 등장하였다. 여기에 이어서 우리는 조직을 발전시키고 또 조직 내 사람들을 발전시키기 위하여 문화를 어떻게 활용할 것인지에 대한 이해에 도움이 되는 방안을 모색코자 한다.

문화는 정체되어 있는 것이 아니다. 문화는 때로는 달팽이 걸음으로, 어떤 때는 비호같은 큰 걸음으로, 매일같이 발전해 나아가고 있는 것이다. 문화는 반드시 존재하고 있고, 때로는 거대한 힘을 가지고 휘두르기도 하고, 또 조직 내 사람들의 사고와 행동에 영향을 준다는 것이 대체적인 견해이다. 이런 사실이 학교만큼 더 분명하게 나타나는 조직은 없다고 할 수 있다.

이런 비유를 들어 보자. 매일 아침마다 우리가 타는 차는 시동이 잘 걸리고, 학교에 가면 내가 주차할 주차장소가 비워져 있으며, 학교 실내 온도는 기분 좋을 정도로 잘 맞춰져 있고, 밝은 불이 들어와 있을 걸 생각하면 편안한 마음이 들 것이다. 그러면 끔찍하게 놀랄 만한 일 없이 하루를 잘 보낼 것이라 생각하여 보다 높은 삶의 질을 보장받을 것이라 믿게 된다. 그런데 어떤 날은 이와 반대로 비뚤어지기도 한다. 좋은 날이 올 것인지 물어볼 여지도 없이 안 좋은 일이 반복되기도 한다. 모든 사람이 각자 맡은 일을 잘 하면 문화는 안전을 보장해 줄 것이다. 매일매일 똑같이 좋은 일이 일어나는 것이다. 이게 바로 우리가 바라는 문화이다. 문화는 매니저와 같다.

문화는 규정과 규칙처럼 문서화된 것이 아니기 때문에 오히려 아주 강력한 힘을 가지고 있다. 우리가 집단, 특히 학교 조직의 경우 학교에 충성을 맹세할 때 규칙과 규정은 우리의 정신 속에 프린트처럼 박히게 된다. 규칙과 규정은 하나의 의식(cult)은 아니지만 학교에서 하나의 '전문직적 종교'와 같은 것이고, 학교 발전에 활용될 수 있다고 믿는다. 바꿔 말하면 문화를 변화시키기 전에 학교문화를 의식할 필요가 있다고 주장했던 21세기 초반 저자들의 의견에 완전히 동의하는 것은 아니지만 우리는 이 책에서 문화가 변화의 촉매가 되도록 하자는 제안을 하는 것이다.

5년 전의 학교와 5년 후의 학교

우리가 학교비전에 대하여 말한다면 대부분의 사람들은 5년 앞을 내다본다. 이는 우리가 5년 전에 개발하고 설정한 비전 속에서 현재 살고 있다는 것을 의미한다. 사람들이 지금 여러분 학교에서 사진을 찍고, 사람들을 인터뷰하며 교내를 둘러보고, 현재의 학생 데이터(역주: 흑인계, 백인계, 히스패닉계, 아시아 태평양계의 인종 비율, 무료급식과 할인급식 비율, 기초학력 합격 비율, 결석률, 졸업률 등의 학생 데이터는 그 학교의 상황을 나타내는 주요 자료로 삼고 있다.)를 살펴보고, 사람들에게 과거 교내의 조형물을 보여 주고 있다면 여러분 학교의 미래에 대해서도 그들이 좋게 느낄 것으로 생각하는가? 정말 그렇게 생각하는가? 지금으로부터 5년 후의 여러분 학교에 대하여 여러분이 가지고 있는 마음의 사진(mental picture)(여기서 비전이라는 말이 나오는 것이다.)은 어떻게 생겼는가? 만일 우리가 과거가 아니라 미래에서 나오는 교내 조형물을 보여 줄 수 있다면 여러분은 그 조형물이 어떤 모습이길 바라는가?

비전이 사람들의 마음속에 존재하는 그 어떤 것이라면 문화도 우리들 마음속에 기초하고 있는 것이기 때문에 비전은 문화에 따라 흔들리는 취약한 존재가 될 것이다. 미래는 언제나 과거의 영향을 받는다. 그래서 문화로 나타날 때 우리는 매일 제로(0) 상태에서 출발할 수가 없다. 문화는 모든 상임위원회의 당연직 투표권자인 셈이다. 우리는 매일매일 문화의 목소리를 들을 수 있다.

우리가 희망 없는 미래의 그림을 그리고 있는 것처럼 보이지만 문화가 변화에 강력한 지배적 힘을 발휘하게 되면 마치 문화가 우리의 연합 구원군처럼 우리의 과업에 도움을 줄 것이다. 특히 우리는 원하는 문화를 얻게 되면 그 문화가 우리와 가깝기를 원한다.

문화가 개성을 넘어 더욱 강력해지고 저항적이길 바라지만 반면에 발전하길 원하지는 않는다. "학교문화는 침대 밑에 숨겨진 괴물이 아니라 문간에 서 있는 눈에 보이는 경비원에 해당된다." 문화를 변화시키기는 쉽지 않고 변화에 맘 내켜 하지도 않는다(Fullan, 2014). 문화는 강력한 리더십과 함께 출발하지만 지원인력이 없으면 발전적으로 움직여 나아가지 못한다.

앞으로 나아가야 한다. 지금으로부터 5년 후 여러분의 학교를 생각해 보자. 어떻게 달라지길 바라는가? 오늘 일어나게 하기 위해 무슨 이야기를 시작할 것인가?

학교문화란?

『학교문화 활성화』에서 우리는 학교문화의 개념에 대하여, 그리고 학교문화가 학교에서 교육자들이 하고 있는 일에 어떻게 영향을 주는지에 대하여 논의하였다. 그리고 학교리더들이 각 학교가 가지고 있는 문화의 형태(type)를 이해하고자 할 때 활용할 수 있는 몇 가지 도구도 포함시켰다. 또한 자기들이 원하는 문화의 형태에 맞게 어떻게 변화의 시동을 걸 것인지에 대하여 제안을 하였다.

우리의 관점에서 보면 우리가 지향하는 최적의 학교 상황은 '협력(적인) 학교문화(collaborative school culture)'라고 할 수 있다. 이러한 협력학교문화는 모든 학교에 걸쳐 공통점이 있겠지만 학교가 처한 상황에 따라 각기 다르게 보일 것이다. 협력학교문화는 저절로 이루어지는 게 아니다. 주로 대부분의 교사가 동료교사에게 도움을 요청하는 데에 별로 마음 내켜 하지 않는 경향이 있기 때문이다. 전통적으로 교사들의 강한 특성 중의 하나는 전문적 자유를 행사하면서 독립성과 자율성을 가지려는 경향이다. 그런데 협력학교문화는 자율성을 강조하지 않는 경향이 있다. 오히려 협력학교문화는 본질적으로 전문가들 사이의 상호의존성을 강조한다.

이 책의 1장에서 우리는 학교문화와 학교풍토의 상호관계성에 대하여 논의하였는데 이 두 용어는 서로 다른 것을 의미한다고 하였다. 많은 사람이 학교문화와 학교풍토는 같은 것이라고 믿고 있기 때문에 정확히 학교문화가 무엇인지 명료하게 밝힐 필요가 있다. 다음 설명이 도움될 것으로 본다.

한 집단의 사람들이 '의미 있는 일정 시간 동안'을 보낼 때면 언제나 각자 맡은 역할과 각 역할에 따른 기대를 정한다. 집단 구성원들이 외부환경의 영향으로부터 생존하기 위하여 이들 역할은 장시간 각 구성원들이 할 일을 한정하고 '집단에게 균형감을 준다.' 집단은 누가 집단 구성원이고 누가 구성원이 아닌지 구별하기 위한 규칙을 정한다. 그리고 대개는 동료의 압력에 의하여 보상과 제재라는 형태로 이 규칙을 공고히 한다. 집단을 한 덩어리로 묶는 일상성과 의식을 통해서 집단 내 편안함과 예측가능성이 존재하게 된다. 이런 것들의 갑작스런 '변화는 별로 환영받지 못한다.' 이렇게 문화는 형성된다.

이 설명에 기반해 좀 더 이해하기 쉽게 그리고 실제적으로 문화의 개념을 정의하기로 한다.

'의미 있는 일정 시간 동안(a significant period of time)'이라는 말에 논란이 있을 수 있는데, 이는 어떤 문화는 아주 쉽게 짧은 기간 내에 형성되기 때문이다. 어떤 문화는 새로운 문화가 형성되는 기간보다 문화를 변화시키는 데에 더 오랜 시간이 걸리기도 한다. 또 어떤 문화는 다른 문화보다 더 강력하여 변화에 더 저항적이기도 하다. 그러나 상당한 정도의 변화에 이르기까지 1, 2년이면 충분하다고 우리는 확신한다.

'집단에 균형감을 준다(Give balance to the group).'라는 말은 하나의 유기체로서의 평형감이 필요하다는 것을 암시한다. 환경 속에서 생존한다는 것은 조직의 리더나 정보 수집자, 보안 유지자, 엔터테이너, 인력 충원자 등과 같은 일정한 직무를 가진 사람들이 안정감을 갖도록 하는 것이다. 어떤 사람이 조직을 떠난다면 다른 사람에 의하여 그 역할이 채워지기까지는 그의 이탈로 인한 불균형이 초래된다.

'변화는 별로 환영받지 못한다(Change is not welcome).'라는 것은 좋지 않은 평판을 받는 문화에서 있는 말이다. 만일 이런 말이 조직 내에 없다면 이는 곧 효과적인 질 좋은 조직으로 인정받을 가능성이 있다. 좋은 변화든 나쁜 변화든 변화에 대한 저항이라는 말은 학교리더로서 문화를 이미 이해한 것으로 보기 때문에 나온 말이라고 할 수 있다.

지금까지 설명한 이 모든 것이 학교리더로서 여러분에게 무엇을 의미한다고 보는가? 충분한 긴 시간이 주어진다면 사람들이 속한 한 집단은 하나의 문화를 갖게 되거나 하나의 문화가 된다. 문서화되지 않은 한 묶음의 규칙, 즉 문화는 그 무대의 상황에 속한 전문가들에게 그게 무얼 의미하는지 알려 주고, 또 어떤 문서화된 정책보다도 우선하게 된다. 학교문화의 어떤 측면은 특이한 점이 있어 현재의 문화를 바꾸는 것보다 새로운 문화를 만드는 것이 더 쉽기도 하고, 또 교사들이 약간 오래 머물러 있을 필요를 느끼게 하기도 하며, 개선과 발전을 위하여 제안을 하기보다는, 현재의 문화를 반대하고 싶더라도 좋은 아이디어가 포용되지 않을 것이라 생각하게 만들기도 한다.

학교문화를 바꾸려는 시도는 전문직적 종교로 다른 사람들을 혼란하게 만드는 것을 의미한다고 이해하자. 문화의 변화(변경)은 단순히 조금 조정만 하면 되는 그런 성질이 아니다. 우리가 원하는 변화의 성과란 조직에서 의사결정하는 방법의 변화, 문제해결 방법의 변화, 그리고 궁극적으로는 학교 안에서 사람들이 직무에 대해 느끼는 방식의 변화일 것이다. 우리는 당신이 월요일이든 금요일이든 교직원들이 학생들과 함께, 그리고 직원들과 함께 일할 때 즐거움을 경험하도록 허용하기를 바란다. 교직원의 전문능력개발을 위한 최고의 인적자원은 복도를 걸어가는(가까이 있는) 우리의 동료교사들이며, 학교 발전과 개선은 2분 내에(짧은 시간에) 교실 사이에서도 일어날 수 있다는 사실을 교사들이 알게 될 때 협력의 가치는 마치 로켓처럼 하늘 높이 떠오를 것이다.

협력문화의 최종결과는 학교 내 성인들 사이에 형성되는 신뢰의 수준이 그 척도가 될 것이다. 때로는 당신이 (동료에 대해) 아무 것도 모르겠다고 인정하는 것이 당신은 전문가가 아닐지 모른다고 인정하는 것만큼이나 힘든 일이다. 동료의 전문성을 의심하게 되면 우리는 불안해질 수 있다(Brown, 2015). 그러나 이러한 불안 이야말로 바로 여러분 귓가에 울리는 문화의 목소리이다. 따라서 도움의 요청을 지지하는 문화로 변화시켜 나가자.

변수로서의 과거, 현재, 미래

여러분이 학교의 비전을 개발하는 데에 균형적 접근을 생각하도록 돕기 위하여 하나의 직사각형을 과거, 현재, 미래 세 부분으로 나누어 보도록 하자. 여러분이 어떻게 리더십을 '발휘할' 것인지에 대하여 비전 설정을 하고자 한다면, 여러분은 시간을 어떻게 분할하여 사용하겠다고 말할 것인가? 각각 1/3씩 사용할 것인가? 2/3를 과거에 할당할 것인가? 과거, 현재, 미래라는 세 변수에 학교 시간과 노력을 이상적으로 사용할 것을 보여 주는 그림을 직사각형에 세 부분으로 나누어 그려 보라.

다른 비유를 해 보면 여러분이 운전할 때 백미러를 보는 데에 얼마의 시간을 할애할 것인가? 운전할 때 전면 큰 유리를 통해 앞을 내다보는 동시에 내 차가 어디를 지나왔는지, 그리고 또 뒤에서 무엇이 다가오는지 확인하기 위하여 달려 있는 여러 개의 작은 거울을 보아야 한다. 어떤 일이 있었는지 또는 어떤 차가 나를 추월했는지 걱정되어 지나간 과거를 바라보며 많은 시간을 보내겠는가? 아니면 현재 나의 위치나 가려고 하는 곳에 더 많은 시간을 배분하며 더 많은 주의를 집중할 수는 없는가? 앞에서 말한 직사각형으로 되돌아가서 작은 거울인 백미러를 보는 것을 '과거'의 넓이라 생각하고, 차의 계기판을 보는 것은 '현재'라는 넓이로 생각해 보고, 전면 유리창을 내다보는 것을 '미래'라는 공간의 넓이로 생각해 보라. 여러분이 운전할 때 과거, 현재, 미래에 어떻게 시간을 배분하는 것이 최선인가?

여러분 학교의 직사각형은 어떻게 배분되어 있는지 상상해 보자. 과거는 과거이고, 현재는 최신 학교 학생 데이터이고, 미래는 여러분 학교의 비전이다. 여러분 학교의 리더들이 어떻게 시간을 사용하고 있는지 생각해 보라. 학교 운영의 모습을 나타내는 직사각형 모양이 어떻게 되어 있으며, 최적의 접근은 어떻게 되어야 한다고 생각하는가? 자유롭게 여러분이 원하는 직사각형을 그리고 여러분 학교의 리더십 팀과 의견을 나눠 보고, 어디에 학교 시간을 얼마만큼 보내야 한다고 생각하는지 그들의 의견을 들어 보라.

과거가 현재와 미래에 항상 영향을 준다는 것을 우리는 잘 안다. 여러분 학교의 문화는 과거에 이루어 놓은 것에 강력한 가치를 두려고 하는데, 이 말은 미래로 과거 행위(문제를 포함하여)를 채택하는 것을 옹호하는 의미가 될 것이다. 이러한 경향은 문화인류학자들이 '문화결합현상[culture bound, 역주: 특정 문화에서만 제한되거나 타당한 것으로 나타나는 성격이나 현상을 말한다. 이의 한 현상을 말하는 문화결합증후군(culture bound syndrome)의 예로 한국문화에서의

'화병'을 들 수 있다.]이나 민족 중심주의라고 부르는 것이다. 이런 생각은 문화가 과거에도 작동되어 왔다면 그것을 다시 활용하는 것이 맞다고 할지도 모른다. 이것이 하나의 상식이며 논리적이다. 이게 우리가 생존하는 방식이다. 어쨌든 문화는 방어적 형태로 집단이 생존에만 노력할 경우 강력한 힘을 갖는다.

그런데 현재라는 것은 지금 여기에 별로 길게 존재하지 못한다. 보자마자 가 버린다. 여러분이 방금 읽은 것은 과거가 되고, 그 자체를 여러분 뇌에 부착시키는 것같이 보인다. 문화는 여러분이 정착하는 것을 도와주려고 하는 것이다. 여러분이 읽은 것을 현재 여러분의 신념체제에 맞추려고 한다면 더 저장되기 쉬운데 변화에 저항하면 미래의 주장에 방어적 방식으로 저장된다. 만일 여러분의 신념체제에 맞지 않는다면 문화는 여러분이 읽은 것을 믿지 않으려고 할 것이고, 여러분의 뇌는 여러분의 세포질을 단단하게 하지 않을 것이다. 게임은 여러분의 학습을 방해하도록 설정되지만 우리는 변화시킬 수 있다.

미래는 어떤 문화를 흔들어 댈 수 있는 큰 변수이다. 미래는 문화가 다루기 힘든 약간의 불확실성을 가져다준다. 그러므로 그다음에 발생하는 것은 이미 과거에 일어났던 어떤 것을 내다보게 하고, 그래서 모든 행위는 쉽고 빠르게 예측해 볼 수 있게 한다. 예를 들면, 인생을 한 주먹의 못이라고 한다면 우리는 못 박을 망치가 필요한 것이다. 그래서 생각할 필요도 없이 인생을 예측가능하게 하는 것이다.

그러나 여기에도 다른 가능성은 여전히 남아 있다. 과거가 현재 우리가 하고 있는 것과 미래에 우리가 하게 될 일에 강력한 영향을 준다면 아마 우리는 정체되기보다는 개선되고 발전하기 위하여 과거를 활용할 수 있다. 과거는 문서나 비디오, 기억 등을 포함하여 다양한 형태로 기록할 수 있다. 보다 좋은 문화를 형성하기 위하여 우리는 이러한 기록물과 자산을 어떻게 활용할 것인가? 이미 과거에 일어났던 것을 어떻게 하나의 변수가 될 수 있도록 할 것인가? 과거를 하나의 변수인 '역할자(player)'로 끌어들일 것인가?

트레져러(Treasurer, 2014)는 "실패는 다음에 올 성공으로 가는 티켓"이라는 이야기를 하고 있다. 그것은 모두 리더가 문화를 설명하는 데에 달려 있다는 것이다(이 말은 리더가 실패를 어떻게 해석하느냐에 달려 있다는 의미이다). 이런 말을 생각해 보도록 하자. "실패는 하나의 선택지가 아니다. 실패하지 않으려면 충분히 열심히 노력하는 것이다." 어느 것이 여러분 학교의 상황을 알맞게 대변해 주는 말인가?

우리가 경험한 기억을 담은 기록이 불완전하다는 것을 말해 주는 많은 저술이 있다. 기억은 정신적 모델에 잘 적응하기 때문에, 우리는 우리가 생각하는 각 순간에 잘 적응한다고 주장하는 사람도 있다. 바꿔 말하면 우리는 현재의 상태를 계속 유지하려고 과거에 있었던 것을 변경시킨다. 그렇다면 우리는 자기보존(self-preservation)보다는 개선의 목적으로 그렇게 한다고 할 수 있다.

자기보존의 정신적 틀을 밝히기 위하여 이런 활동을 한번 시도해 보자. 예를 들면, 학교에서 교직원들이 그들의 행동을 어떻게 바꾸는지 알아보기 위하여 가상적 요구를 제시한다. 대부분의 회의에 갖게 되는 긴장감을 풀어 주고 편안하게 해 준다. 여기서 초점은 우스꽝스런 안건에는 웃게 하고 '교육 실천(doing education)'을 재미있게 하는 괴짜 규칙을 개발하도록 요구하는 것이다. 어떤가? 아마 좋은 안이 나올 수도 있겠는가? 이런 안도 나올 수 있다.

- 어떤 이유에서든 동료들에게 좋은 안을 전파시키면 1주일에 100만원을 지급한다.
- 교사들에게 근무일에만, 교통규칙을 어겨도 좋다고 허락을 표시해 주는 특별자동차번호판을 부착해 준다.
- 교사들은 자신이 생각하여 학습에 가장 도움이 되는 복장이라면 그렇게 허용한다.
- 교사들은 학생들이 잘못했을 때 학부모나 보호자에게 혼내주라고 요구할 수도 있다.
- 주교육부가 실시하는 표준화검사를 면제할 수 있다. 단, 교사가 요구할 때만.
- 교사들이 수업계획서를 작성할 때 디즈니사 작가 세 명으로부터 도움을 받을 수 있다.
- 모든 학생은 매주 1시간씩 청소 일을 해야 한다.
- 교사들이 이케아(IKEA)사의 학급 사무용 가구를 고를 수 있게 한다.
- 교사들이 교사모임에서 와인으로 성공을 축하할 수 있다.
- 교사들이 하고 있는 스쿨버스 관리 의무를 한 달에 하루는 교육위원들이 지게 하고, 대신 교사는 전문능력개발(PLC) 연수

를 받게 한다.

이제 학교리더인 여러분이 만들어 볼 차례이다. 교사들로 하여금 우스꽝스런 요구사항을 만들도록 브레인스토밍을 하게 하자. 지속적으로 문제가 되는 이슈에 대하여 어떤 일정한 패턴이 있는지, 가능한 해결책이 있는지 허심탄회하게 들어 보자. 그리고 학교에서 잘 먹혀들지도 않던 문제나 문화에 대하여 경청하자.

/ / / / / / /

학교를 개선하고 발전시키기 위하여 문화를 활용한다는 것은 하나의 독특한 접근이라고 할 수 있다. 학교문화를 어떻게 통제할 수 있느냐에 대하여 학교리더들은 경계심을 갖거나 엄두도 내지 못하기도 한다. 학교문화는 학교 개선과 발전에 중요한 역할자가 될 수 있다는 점을 밝히는 데에 이 장의 내용이 도움이 되었을 것으로 기대한다.

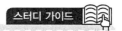

1. 학교문화에 대하여 학습하면 학교를 리드해 나가는 데 더 쉬운가, 아니면 더 어려운가?

2. 여러분 학교의 과거 문화를 기술하기 위해 어떤 다섯 단어를 사용하겠는 가? 현재 문화를 기술하기 위한 다섯 단어는 무엇인가? 미래의 문화 또 는 상상의 문화를 기술하기 위한 다섯 단어는 무엇인가? 여러분 학교에 서 과거가 미래에 얼마나 영향을 주었다고 생각하는가?

3. 실력이 좀 모자란다고 생각되는 교사가 있는가? 어떻게 실력이 부족하다 고 생각하는가? 그런 교사를 다시 실력 있는 교사로 만들 수 있는 단계를 밟을 수 있겠는가?

4. 이 장에서 인용한 것처럼 어처구니없는 요구에 대하여 브레인스토밍하여 보시오. 예를 들어 "어떤 이유가 되었든 동료들에게 매주 100만원씩 지 급한다."

의도적인
학교문화 형성

교장은 효과적으로 일하는 교직원들이 현재의 학교문화에서 (가상적으로) 떠나 비효과적인 사람들의 방해를 받지 않고 새로운 문화를 만들어 가도록 허용할 필요가 있다.

　　　　장인 여러분이 학교조직의 구성원을 변화시키는 데
ㅛ　　학교문화를 활용할 수 있다는 것을 안다면, 여러분
이 원하는 학교문화의 속성이 무엇인지를 분명하게 정의할 필요
가 있다. 문화란 학교조직 구성원들에게 지침을 제공해 주는 긍정
적이며 적절한 수단이라고 확신해야 한다.

　여러분이 학교를 개선하고자 한다면, 조직문화라는 개념을 렌
즈로 사용하여, (1) '이루고자 하는 목표(what needs to be done)'에
접근하는 다양한 방법, (2) 언제, 누구와 함께 학교 개선을 이루어
야 하는지에 관한 분명한 통로, 그리고 (3) (새로운 문화의 세계로)
첫 번째 사람을 움직이게 하기 전에 알아야 할 정보를 얻을 수 있
다. 이 장에서는 학교 개선에 관련된 이들 세 가지 도전을 통찰하
는 기회를 제공해 줄 것이다. 이 장의 후반부에서는 현재의 학교문
화와 원하는 학교문화를 비교해 보고, 어디서부터 학교문화를 개
선하기 위한 노력을 시작해야 할지 결정하는 데 도움이 되는 활동
을 할 것이다.

　학교문화란 일정한 규모와 형태를 갖고 있는 것으로 가정하자.
구체적으로 학교문화란 (건물을 연상케 하는) 거대한 사각형 모양
이라고 생각하자. 건물의 밑부분에는 커다란 벽돌이 놓이고, 건물
의 높이가 올라갈수록 중간 크기의 벽돌이나 작은 벽돌들이 놓이

는데, 아랫부분의 큰 벽돌들이 중간 크기의 벽돌, 또는 작은 벽돌들을 지탱해 주는 형태로 되어 있다고 가정하자. 한편, 어떤 교사들은 언제든지 문화라는 건물을 떠날 수 있다. 그러면 건물에 빈 공간이 생기지만, 그래도 건물 전체의 규모는 동일하다고 가정하자. 또한 그 건물이라는 문화를 떠나는 교사들은 규모가 작은 또 다른 건물(문화)을 만들기 시작한다고 가정하자.

현재의 문화에서 가상적으로 떠나가는 교사들은 규모가 큰 현재의 문화가 자신들을 지원해 주지 않았기 때문에 떠났을 수 있다. 건물(문화)를 떠나는 교사들 중에는 나쁜 학교 문화에서 떠나가는 효과적인 교사도 있을 수 있고, 좋은 학교 문화에서 떠나는 비효과적인 교사들도 있을 수 있다. 일반적으로 현재의 문화에는 사람이 많고, 현재의 상태에 머무르는 것이 안전하기 때문에, 새로운 문화(크기가 작은 건물)로 이동하면 생활이 약간 불안해질 수도 있다. 그런데도 떠나가는 소수의 사람들이 효과적인 교사라면, 교장은 그들이 새로운 문화를 만들 때 지원해 줘야 할 것이다. 반면에 그들이 비효과적으로 일하는 교사들이라면, 교장은 그들이 돌아와서는 안 될, 불편한 사람들이라고 확신할 필요가 있다(역주: 미국에서는 학교 단위로 교사를 계약에 의하여 채용하는 경우가 많기 때문에 교사의 의사에 의하여 이동성이 많다.).

이제 교사들이 새로운 문화로 이행하는 것은 단순하게 발생하지 않고, 교장들이 교사들과 협연하여야(orchestrated) 가능한 것이라 가정하자. 교장이 교사와 함께 학교문화를 만들 수 있다는 것, 이것이 바로 이 장에서 말하고자 하는 주제이다.

교장은 교사와 함께 새로운 학교문화를 만들기 전에, 누가 효과적으로 일하는 교사인지를 알고, 그들이 서서히 움직일 수 있도록 현재의 문화를 파괴한 다음에, 그들이 성장하도록 안전지대(safe place)를 만들어 줄 필요가 있다. 이러한 대안이 갖춰지면, 새로운 문화는 안전한 정착지가 되어 새로운 교사들이 먼저 옮겨 온 구성원들에 합류할 것이다.

효과적으로 일하는 교사들의 섬

비효과적인 학교에서 효과적으로 일하는 사람들은 이미 자신들만의 섬을 찾고 있다. 효과적인 교사들은 남들이 자신들을 방해하지 않도록, 교실 문을 닫아 놓은 것처럼 사실상 자신들이 만든 섬에서 살고 있을 수 있다. 그들은 섬에서 혼자 사는 것이 외롭지만, 다른 사람과 생각을 공유하게 되면 그 문화가 자신들의 평화를 방해할 수 있다고 생각한다. 어떤 문화 속에서 살고 있는 사람들은 종종 자신의 문화적 규범(예: 학생들에게 자율권을 주기를 바라는 교사)에서 벗어나 있는 다른 사람들로부터 방해를 받는다. 이것이 서로 상충되는 환경에서 살고 있는 효과적인 교사들이나 사람들이 자신들의 노력을 다른 사람과 공유하지 않는 이유이다.

"교장은 효과적으로 일하는 교직원들이 현재의 학교문화에서 [가상적으로(virtually), 역주: 실제로는 머무르지만 마음으로는 떠난다는 의미] 떠나 비효과적인 사람들의 방해를 받지 않고 새로운 문화를 만들어 가도록 허용할 필요가 있다." 효과적인 교사들이 항상 '점잖은' 사람들이 거나 인상이 좋은 사람은 아니며, 먹을 것을 가져오는 사람도 아니고, 조직에 생명력을 불어넣어 주는 사람도 아니고, 사회적 사건을 해결해 주는 것도 아니며, 프로처럼 옷을 입는 사람도 아니다. 효과성이란 그 이상의 깊은 의미가 있다. 그래서 교장이 효과적인 사람들을 찾을 수 없으면, 그런 사람들을 새로 채용해야 할 것이다.

학교문화를 파괴하고 안전지대 구축하기

문화는 상처를 치유할 때도 있고, 그렇지 않을 때도 있다(이에 대해서는 뒤에서 논의하자). 우선 강력한 학교문화에서 가상적인 섬(virtual island)으로 이동하거나 새로운 '구조'를 구축하는 데는 위험이 따를 수 있다는 것을 이해하는 게 중요하다. 학교조직에 많은 소음이 발생하지 않도록 점진적으로 접근할 필요가 있다. 새로운 구조가 잘 정립되고 보다 견고하게 되는 기회를 잡기 위해서 조용하게 시작하는 게 좋다.

안전지대를 만들 때는, 매슬로(Abraham Maslow)가 말한 욕구 계층(Maslow, 1943) 또는 글래서(William Glasser)가 말한 다섯 가지 기본 욕구(Glasser, 1998)를 생각할 수 있다. 그리고 '안전지대'란 우리들의 머릿속에 존재한다는 것을 상기하자. 어떤 문화는 학교 건물의 특정 공간(예: 작업실, 교사회의 테이블, 주차장 등)에 물리적 영역으로 존재할 수도 있지만, 우리가 우선적으로 고려해야 할 것은 그게 아니다. 우리가 필요로 하는 안전지대란 특정 영역의 물리적인 요소를 지칭하기보다는 더 많은 효능성(efficacy)과 실험 정신까지 허용해 주는 것을 말한다.

　교사들은 학교문화의 주 저장소(main repositories of the culture)이다. 모든 교사는 저마다 학교 문화의 강점에 기여하는 개성과 인성을 갖고 있다. 어떤 교사들은 매우 영향력이 있지만, 어떤 교사들은 별로 눈에 띄지 않는다. 문화라는 건물 속에서 어떤 성인, 가령 지원 인력들은 일상적인 운영과 집단 분위기에 영향을 준다는 점에서 영향력이 있을 수 있다. 이런 구성 요소들을 염두에 두고, 다음 활동을 해 보자(학교 구성원들 간에 오해나 분노를 일으킬 수 있기 때문에 여러분 혼자서 해 보시오).

　교사와 지원 인력의 이름을 색이 다른 스티커 노트에 써서, 그들이 현재의 학교문화에서 차지하고 있는 영향력의 상대적인 정도를 나타내도록 [그림 3-1]의 행렬에 붙이자. 밑부분(9와 10의 칸)에 위치한 사람은 문화의 토대이면서 가장 강력한 개성을 갖고 있는 사람을 나타낸다. 그들은 교사로서 또는 지원 인력으로서 효과적일 수도 있고, 비효과적일 수도 있다는 것에 주목하자. 다시 말하면 교장이 중요하게 고려할 것은 그들이 갖고 있는 영향력의 수준이다. 영향력이 거의 눈에 띄지 않거나 부족한 교사, 지원 인력들은 행렬의 1이나 2에 붙이자. 색은 효과성을 표현해 주는데, 파란색은 가장 효과적임, 노란색은 약간 효과적임, 그리고 빨간색은 비효과적임을 나타낸다. 학교문화가 효과적이라면, 행렬의 중간 이하 밑부분에 많은 파란색을 붙여야 한다. 이처럼 스티커 그림으로 붙이면 학교문화가 어떤 구성원들로 이루어졌고, 조각들을 다 붙였을 때 학교문화가 어떤 모습을 띠는지 시각적으로 이해하도록 해 준다.

이제 교장이 원하는 문화를 나타내 주는 두 번째 매트릭스를 만들자. 교장이 원하는 사람들을—그들의 영향력이 강력하지 않을지라도—새로운 문화의 토대에 놓고, 교장이 필요로 하지 않는 사람들은 윗부분 또는 빈 공간에 놓자.

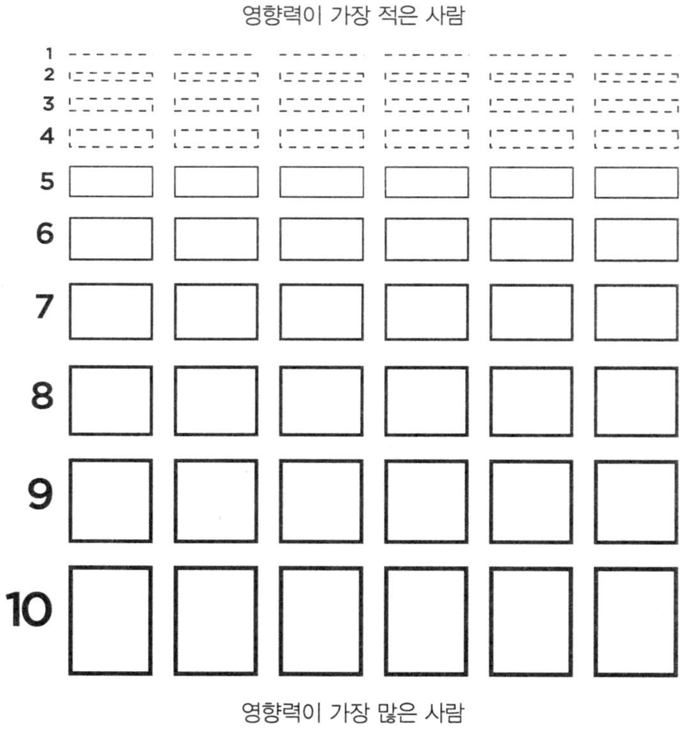

영향력이 가장 적은 사람

영향력이 가장 많은 사람

[그림 3-1] 교직원의 영향 수준을 나타내는 행렬표

두 개의 매트릭스(현재의 문화와 원하는 미래의 문화)를 주시해 보면, 중심인물이 누구인지 알 수 있고, 문화의 토대를 구축하기 위해 누구를 활용해야 하는지, 그리고 눈여겨보지 않아도(무시해도) 될 사람이 누구인지 알 것이다. 빨간색 스티커, 노란색 스티커, 파란색 스티커를 사용했다면, 중간 아랫부분에 파란색 스티커를 더 많이 붙였을 것이고, 중간 위쪽에 빨간색 스티커를 더 많이 붙였을 것이다. 그렇다면 누구를 먼저 움직여야 하며, 그렇게 하면 어떤 모습으로 보일까?

문화는 동료의 압력에 의존하기 때문에 사람들이 움직이도록 압력을 가하기 위해서는 동료를 활용할 필요가 있다. 밑부분 열에 파란색 스티커로 된 사람이 있다면 거기서 시작하자. 그들 중에 여러분의 비전이나 아이디어를 중간 부분 또는 상단 부분 근처에 있는 다른 파란색 사람들에게 전파해 줄 수 있는 사람이 있는가? 많은 사람을 한꺼번에 이동시키는 데에 목적이 있는 것이 아님을 명심하자. 교장에게는, 새로운 아이디어를 실험할 때 함께 노력할 의지가 있는 몇 사람만이 필요할 뿐이다. 이 말이 단순하게 들릴지라도 꼭 명심하자. 교장은 다른 사람들이 익숙한 공간에서 이상한 행동을 감지하기(보이기) 시작할 때 안전지대(safe zone)를 제공할 필요가 있다.

이제 여러분은 옳은 일을 하는 사람(조직구성원)들이 어떻게 문화를 개선할 수 있는지 이해하기 시작할 수 있다. 여러분 학교의 현재 문화가 아주 효과적이라면 (그렇게 되기까지는 여러분이 억지로) 어떤 조정 노력을 했을 가능성이 있다. 현재의 문화와는 전혀 다른 여러분이 원하는 새로운 문화를 만들기 위해 노력했다면, 여러분은 이미 필요한 것을 갖고 있을 수 있기 때문에, 이러한 (새로운 문화를 만들기 위한) 활동은 오히려 여러분이 너무 많이 끼어들지 말아야 한다는 것을 암시해 주는 하나의 지표이기도 하다.

그러나 3장에서 논의한 많은 내용과 스티커 노트를 붙이는 연습은 현재의 문화가 비효과적이라는 전제에 기초하고 있다. 그러므로 교장이 원하는 문화는 하나의 섬(소수의 사람이 만든 문화)처럼 시작할 필요가 있다. 이 섬에 거주하는 첫 번째 사람이 적정한 문화를 개발하는 결정적 요인이다. 이것이 인성의 복잡한 관계망을 보다 쉽게 이해하도록 해 주는 방법이다. 현재의 문화와 교장이 원하는 섬을 연결하는 통로에는 새로운 풍토와 함께 새로운 규범, 관습, 이야기들이 놓인다.

일단 섬이 중요한 사람들의 마음을 움직이기 시작하면, 그 문화는 나머지 교사와 지원 인력들을 변화시키는 자원이 될 것이다. 이제 섬과 문화를 연결하는 통로는 한 방향으로만 가는 초고속도로가 된다. 이제 문화가 사람들을 변화시키기 시작하는 것이다.

문화가 사람들을 변화시키는 과정이 사람들에게 무엇을 해야 하는지에 대해 직접 말해 주지는 않는다. 그보다는 이러한 과정은 교사들이 위대한 일을 했을 때 칭송하고, 그들이 할 수 있었다는 것을 또 다른 사람들에게 상기시켜 준다. 이는 동료의 압력을 활용하고, 안전지역을 만들어 사람들을 향상시킬 수 있는 조건을 만드는 과정이 되는 것이다. 이로써 효과적인 교사들이 냉철한 교사의 역할을 하게 되는 것이다.

문화란 우리의 마음속에 존재하기 때문에 리더인 교장은 새로운 구성원들이 그 섬을 학교 내에서 선호하고 좋아하는 문화로 바라보도록 도울 필요가 있다는 사실을 알아야 한다. 교장은 새로운 구성원들을 추가하고 다른 긍정적인 구성원을 섬에 재배치함으로써 하위문화를 구축할 수 있다. 교장이 이러한 과정을 계속하면 새로운 하위문화는 실질적으로 교장이 원하는 문화가 된다.

교장인 여러분이 문화를 완전히 변형시키기보다 약간만 조정하기를 원한다면 무엇을 해야 할까? 교사들이 떠나고, 교장이 매트릭스에서 공란을 발견할 때는, 교장은 일부 교사들을 보다 높은 곳의 덜 영향력 있는 지점으로 옮기고, 그 대신 새로운 교사들이 매트릭스 토대의 일부분이 되도록 해야 한다는 사실을 알았으면 한다. 교장이 덜 효과적인 교사들을 채용한다면, 새로운 직원들을 위쪽 열에 추가하게 되어 원하는 문화의 성장을 더디게 하는 셈이다.

아주 능력 있는 사람들이 긍정적이지 못한 문화에 살고 있으면, 그들은 이미 문화를 파괴하려고 기다리고 있다는 것을 명심하자. 그들은 그 문화에서 떠나갈 마음을 먹고 문이나 창문에 가장 가까이 가 있다. 리더인 교장이 그들을 재배치하기 위한 안전지대를 제공하지 못한다면, 그들은 다른 학교에서, 더 나쁜 경우에는 다른 전문직에서 안전지대를 찾을지도 모른다. 리더는 효과성이라는 관점에서 보면, 모든 사람이 동일하지 않다는 것을 깨달아야 한다. 이것을 인식하는 것이 조직에서 사람들을 보충하거나 위치를 조정함으로써 문화를 바꾸는 결정적인 요소이다.

이 사실은 긍정적인 문화에서도 동일하다. 가장 부정적인 사람은 다른 부정적인 사람들에게 둘러싸여 있거나 지지를 받지 못하기 때문에 계속적으로 탈출구를 찾는다. 그러므로 그들의 견해는 처음에만 반향실(echo chamber, 反響室)에서 자기들끼리 공유될 뿐 결국에는 전혀 공유되지 못한다. 그들은 편안함을 느끼기 위해서 자신들이 느끼고 생각하는 방법이 문화—최소한 하위문화—의 규범이 되는 장소를 찾을 수밖에 없다. 모든 사람은 적합해지기(fit in)를 원한다는 것을 기억하자. 우리는 처음에는 주변에서 편안함을 찾기 시작하다가 마음에 맞는 동료를 빨리 찾지 못하면 다른 곳으로 눈을 돌리기 시작한다. 이것은 본질적으로 선도 아니고 악도 아니다. 엄연한 사실일 뿐이다.

미국의 교육구에서는 교사의 이직이나 이탈을 학교별로 조사할 때, 얼마나 많은 사람이 재배치되는가를 중요하게 여기지 않는다. 그보다는 리더들이 문화를 긍정적인 방향으로 유도하고 있는지를 결정하는 데 도움이 되는, 떠나가는 교사들의 질(quality)을 중요하게 여긴다. 아주 우수한 교사들은 그들의 역량이 특출나기 때문에, 학교와 교직을 옮길 수 있는 더 많은 기회를 갖고 있다는 것을 명심해야 한다. 효과적인 조직에서는 이런 사람을 찾고 있다. 그러나 문화를 바꾸려고 분투하고 있는 교장들은 대안이 별로 없기 때문에 불평만 하는 사람들이 있어도 꾹 참고 기다린다.

여러분이 속한 조직, 리더십, 그리고 문화에 대해 숙고할 때, 어떤 사람이 조직을 떠나갔고, 어떤 사람이 조직을 떠나기를 갈망하는지 생각해 보자. 그러면 여러분이 학생들과 교사들을 위해 원하는 형태의 문화를 의도적으로 구축하고 있는지 판단하는 데 도움이 될 것이다.

/ / / / / / /

여러분이 원하는 문화를 개발하기 위한 토대를 어떻게 만들어야 하는지를 알았다면, 문화가 사람들을 변화시키는 데 얼마나 도움이 되는지 알 필요가 있다. 다음 두 장에서 이 주제를 다루게 된다.

스터디 가이드

1. 점잖고, 인성은 좋지만 비효과적인 교사가 어떻게 문화를 발전하지 못하도록 막을 수 있는가?

2. '섬을 만든다.'는 말을 어떻게 생각하는가? 여러분 학교에서는 어떤가?

3. 여러분의 관점에서 [그림 3-1]에서 나타난 활동을 해 보시오. 집단 속에서, 어떤 구성원이 학교의 토대가 되며, 그 이유가 무엇인지에 대해 생각해 볼 수 있는가?

교직원을 활력 있고
풍요롭게 하는
학교문화

교장이 교사들에게, 교사들은 학생들의 학교생활에 긍정적인 영향을 주는 아주 중요한 학교의 일부분이라고 각인시켜 주면, 교사들은 스스로 확신을 갖고 자율적으로 가르칠 것이다.

3장에서 문화를 개선하기 위해 사람들을 활용하는 한편, 사람들을 발전시키기 위해 문화를 활용하는 방안에 관하여 논의했다. 이제 잠재적이고 긍정적인 동료 압력의 역할을 포함하여 문화가 어떻게 사람들을 발전시키는지에 대해 자세하게 살펴보기로 한다. 이 장에서는 리더인 교장이 교사들의 생활을 전반적으로 관리하기보다는 교사들의 스트레스를 감소시켜 주는 방법을 알도록 하는 데에 목적이 있다. 4장에서는 조직문화의 개선을 위한 거창한 결정이나 심오한 논의를 하려는 게 아니라, 서양장기 체스 게임에서 기사를 살짝 움직이는 것처럼, 조직문화에 약간의 미묘한 변화를 가져오는 방법에 대하여 논의하고자 한다. 교장이, '5수준의 리더십'[Collins, 2001, 역주: 짐 콜린스(Jim Collins)는 1,435개의 '좋은(good)' 회사의 40년 이상의 성과를 조사 연구하여 '위대한(great)' 회사로 성장한 11개의 회사를 찾아내 이들 회사의 일곱 가지 특성(characteristics)을 발견하여 『Good to Great: Why Some Companies Make the Leap…… and Others Don't』(2001)란 논문과 책을 썼는데 일곱 가지 특성은 (1) 1수준 리더십: 능력이 뛰어난 개인, 2수준 리더십: 합심하는 팀원, 3수준 리더십: 역량 있는 관리자, 4수준 리더십: 유능한 리더, 5수준 리더십: 경영자 중 자기에게 책임을 돌리는 리더십 (2) 사람 먼저 방법은 다음(First Who, Then What), (3) 잔인할 정도의 사실에 대한 대처(Confront the Brutal Facts), (4) 열정과 동기유발의 고슴도치 개념(Hedgehog Concept, 몸을 말아 작은 공으로 변신하여 싸움에서 이기는 전략), (5) 엄격한 규율 문화(Culture of Discipline), (6) 기술 가속폐달(Technology Accelerators), (7) 축적과 도약의 바퀴(The Flywheel, 서서히 축적된 성과가 누적돼 다음 단계 도약의 동력이 되는 선순환 고리)이다. 검색하여 더 자세히 보면 좋을 것이다.], 그리고 경험이 많은 체스 선수처럼 자신의 성향을 드러내지 않으면서도 학교에서 겸손하게 변화를 일으키는 동시에 법적 강제적 조치를 취하지 않고서도 리더로서의 행위를 잘했으면 한다. 사람들이 변화 그 자체보다 리더를 더 기억하게 된다면, 리더십이 바뀌었을 때도 그 변화들은 아마도 오래 지속되지 않을 것이다.

그런데 한 가지 기억할 것이 있다. 교사의 스트레스를 감소시키는 것에 대하여 언급하였지만, 이 생각이 누구에게나 보편적으로 적용될 수는 없다. 많은 경우에 사람들의 스트레스 수준을 선별적으로 감소시키는 데 목적이 있다. 반대로 경우에 따라서 어떤 사람들에게는 불편함을 증가시킬 필요도 있다. 예를 들어, 어떤 일이 너무 쉽다면 그것을 시도하고 싶은 도전의 욕구를 전혀 가질 수 없고, 그 일을 성취해도 전혀 보상을 받지 못할 것이기 때문이다.

스트레스를 건설적으로 활용하는 방법

최근에 우리는 인턴 과정에 있는 미래의 학교리더들이 국가교장자격시험을 성공적으로 준비하도록 돕는 방법에 관해 논의하였다(역주: 미국에서는 대학원 교장 과정에서 교장양성교육을 받고 의사처럼 인턴 과정과 실습을 거쳐 교장자격증을 따게 된다. 대개 미국에서 교장자격증은 주교육부 관할이지만 국가교장자격증은 한 단계 높은 수준의 자격증으로 봐야 할 것이다. 교사자격증도 마찬가지이다). 이 논의에 참여한 한 사람이 교장 인턴들에게, 여러분들이 겪는 모든 스트레스를 제거해 주는 것이 우리가 해야 할 목적이라고 말하였다. 이 말은 국가시험을 치르는 응시생들에게 도움이 되지 못하는 일반적인 생각이라서, 우리를 당황하게 하였다. 진정으로 우리는 교사들이 어떤 것에도 신경 쓰지 않기를 원하는가? 많은 집단과 학교에서, 어떤 교사들은 너무 많은 스트레스를 겪고 있는 데 비해 어떤 교사들은 전혀 스트레스를 받고 있지 않은 경우도 있지 않은가? 학교 구성원을 향상·발전시키기 위해 스트레스에 보다 선별적으로 접근하는 것이 더 좋은 방법이다.

어떤 교사들은 스트레스나 압력을 느낄 때 덜 효과적으로 되는 경향이 있는 반면, 어떤 다른 교사들은 스트레스가 있을 때 보다 적극적으로 반응한다. 분명 중압감을 느껴 효과적으로 일을 하지 못하는 경계점(breaking point)이 있다. 이 경우에 책임을 피하고, 스트레스 상황을 극복하지 못하는 교사들이 있다. 이들은 전형적으로 스트레스 상황에서 무엇을, 어떻게 해야 하는지를 학습하여 왔기에 오히려 아무것도 하지 않게 된다. 학교문화가 이런 방식으로 행동하도록 강화를 주고 있을 수도 있다. 사실 현재의 문화가 그들에게 스트레스를 피하도록 요구하는지도 모른다.

선별적 접근

모든 사람의 스트레스를 똑같이 줄이기보다는, 과중한 업무를 수행하는 사람들의 업무를 감소시켜 주고, 일을 떠맡지 않으려는 사람들에게는 업무를 증대시키는 방식으로 배려와 관심을 재분배하는 선별적인 접근을 하기를 제안한다. 선별적 접근은 많은 사람의 역할에 불편한 변화를 가져오기 때문에 기존 문화에서 보면 새로울 수 있다.

미국 대부분의 주에서는—전부 그런 것은 아니지만—신규교사 평가 모형, 시험과 책무성의 수준 강화, 성적 부여 정책의 변화, 차별적 성과급 제도를 포함해서 학교에서 받아들여야만 하는 많은 새로운 법령과 지침들을 정책으로 만들었다. 많은 주에서는 이 중 몇 가지에만 집중해 온 반면, 어떤 주에서는 새로운 요구 조건들을 한꺼번에 채택하였다. 이러한 급격한 기대의 증대는 관련된 모든 사람을 혼란과 스트레스의 소용돌이에 빠지게 하는 원인이 될 수 있다. 스트레스가 오래 지속되면 교사들이 수동적인 모드로 들어가는 학교문화가 생긴다. 그러면 교장인 여러분은 학교와 교육구에 있는 모든 사람 주변에 방어책을 찾고 보호막을 치는 등 본능적으로 보호해야겠다는 의식을 가질 수도 있다. 그러나 다시 묻지만, 교장은 모든 교사를 위해 이러한 불편을 감소시키거나 제거하기를 진정으로 원하는가?

교장은 아주 배려심 있고 헌신적인 교사들에게 새로운 법령이 무엇이든지 간에 모든 것이 잘될 것이라고 확신을 줌으로써 교사들을 안심시킬 수 있다. 여러분은 지방, 주, 중앙연방정부에서 이루어지는 새로운 정책의 구체적인 사항들을 다 알지는 못하지만, 그것들이 어떤 내용이든지 잘될 것이라고 확신하게 하는 공감대를 만들 수 있다. 대부분의 교사들은 이미 열심히 일하고 있고, 믿을 수 없을 만큼 자신의 직무에 에너지를 쏟고 있다. 그들이 심한 압력을 받는다면, 학생들과 학교에 대해 정서적으로 무관심해지거나 멀어질 수 있다. 이런 종류의 반응은 돈으로는 해결할 수 없는 많은 대가를 수반한다. 교사들이 심한 압력을 받아 정서적으로 무관심해지면 학생들을 제대로 돌볼 수가 없다. "교장이 교사들에게, 교사들은 학생들의 학교생활에 긍정적인 영향을 주는 아주 중요한 학교의 일부분이라고 각인시켜 주면, 교사들은 스스로 확신을 갖고 자율적으로 가르칠 것이다." 이렇게 하면 교사들이 소극적인 벙커 심리 (bunker mentality, 역주: 벙커 사고방식은 포탄이 쏟아지는 전장에서 위험하게 머리를 내밀지 않고 사태가 진정될 때까지 기다리는 것과 같은 소극적인 투자 행태를 말함.)를 갖기보다는 개개 학생들에게 더 많은 시간과 에너지를 투자하고 큰 영향을 미칠 것이다.

또한 많은 조직에서는 자신의 역량을 최대한으로 발휘해서 일을 하지 않거나 역량을 제한적으로만 사용함으로써 자신의 역할을 효과적으로 수행하지 못하는 구성원들이 더러 있다. 많은 학교에서도 이 같은 교사들이 있는데, 교장이 이를 알아채면 마음에 두고 있는 몇 사람에게만 관심과 에너지를 쏟는다. 교장이 관심을 기울이는 교사들은 오랫동안 학교에 근무하여 온 사람들일 것이다. 이로써 우리는 교장들이 새로운 교사들에게 (관심을 주지 않음으로써) 최소한의 노력만을 기울이게 하고 있지 않은지 의구심을 갖게 된다.

교장은 교사가 관심과 노력을 감소시키는 것을 내버려 두지 않게 하는 목표를 세워야 한다. 현재 수행하고 있는 직무의 윤리 수준이나 기술 수준에서 봤을 때, 최소 수준에 있지 않은 사람들에게는 자신들의 관심을 낮추기보다는 증가시키도록 해야 한다. 그들이 새로운 법령을 화제로 꺼내면, "이러한 중대된 기대에 맞추기 위해, 여러분은 어떻게 하고 있어요?" 또는 "여러분은 이들 모든 변화에 준비하기 위해 여름방학 전체를 쏟아부으려고 생각해야 해요" 이렇게 말해야 한다. 여러분은, 민달팽이(역주: 껍데기가 없는 달팽이로, 최소 능력 수준에 있어 비효과적인 교사들이 수동적인 자세를 취하는 것을 비유적으로 표현함.)들은 학교가 발전하는 데 별로 관련이 없을 거라고 생각하고 싶은 유혹을 받을 수 있다. 여러분이 다음 수준의 계획을 세울 때 이 실패자들을 집으로 돌려보내고 싶은 유혹을 받을 수 있지만, 그렇게 하면 효과적인 교사들의 밑바닥에 깔려 있는 욕구좌절을 부추길 것이다. 효과적인 교사들은 지켜보고 있다. 그러니 비효과적인 교사들도 스트레스를 받도록 해야 한다.

학생들에게 헌신적이고 돌봄을 실천하는 다수 교사는 개인 시간, 방학, 그리고 주말을 학교를 생각하는 데에 많은 시간을 보내고 있고, 학습 성취가 어려운 학생들을 일정 수준으로 끌어올리는 방법을 찾느라 애를 쓰고 있다. 교사들의 관심 수준을 낮추도록 돕는 것이 그들의 정신 건강과 사기에 도움이 될 수 있고, 미래에 있을 수 있는 소진을 줄여 줄 수 있다. 그러나 교사들이 아주 효과적인 교사로 발전하는 한 가지 이유는, 어떻게 하면 학생들에게 더 긍정적인 영향력을 행사할 수 있을지에 대해 더 많이 생각하기 때문이다. 문화는 이런 사람들을 가치 있게 여겨야 한다. 그렇게 하면 교장이 오케스트라처럼 그 집단과 하나가 되든(orchestrating) 그렇지 않든 간에, 학교에는 긍정적인 문화를 만드는 비공식 집단이 생기게 된다.

효과적인 교사가 되는 비결을 생각하면, 덜 효과적이고 덜 헌신하는 교사들이 학생들에게 보다 헌신하는 동료들을 닮아 가도록 도우려는 목표를 세워야 하지 않을까? 교사들의 정서적 · 심리적 상태를 고양시키면, 자신이 가르치는 학생들과 자신의 직무 수행에 대해 반성적으로 사고하지 않은 교사들도 학생과 직무에 대해 반성적으로 실천하는 교사들처럼 되도록 할 수 있을 것이다. 여러분은 그들을 학생들을 배려하는 교사로 만들 수는 없지만, 배려하는 것을 냉정하게 생각하도록 할 수는 있다. 이것이 그들에게는 역할 변화의 시작이 될 수 있다는 것을 명심해야 한다. 그들이 배려하고 공유하기 시작할 때 작은 성취라도 즐기게 해 줘야 한다.

유(Eu)스트레스–건강한 스트레스

교장은 조직 내에서 스트레스를 줄이는 방법에 대해 생각하기보다는, 학교 내에 좋은 '유스트레스(eustress)'를 확산하는 데 초점을 두어야 한다. 좋은 유스트레스란 건강한 종류의 스트레스이다. 헌신적인 사람들의 대다수가 옳은 일을 하는 데 자유를 느끼고, 시간과 에너지를 덜 투자하는 것처럼 보이는 사람들이 옳은 일을 해야 한다는 압력을 느낀다면, 결국 학생들이 가장 많은 이익을 얻는 세상을 만들 수 있다. 교장으로서 여러분이 학교와 교육구를 둘러보면, 책임과 관심을 감소시켜 주었더라면 보다 생산적으로 되었을 사람들이 있고, 그 반대의 경우에 자신의 노력을 더 기울였을 사람들을 떠올려 볼 수 있지 않을까?

여러분이 좋아하는 영화를 떠올려 보자. 그 영화에서 배우들은 연기를 잘하였고, 각본, 배역, 그리고 연출은 서로 조화를 이루었다. 가끔 위대한 영화들은 동일한 사람들이 동일한 역할을 하는 후속편을 만든다. 여기서 배우들이 후속편에서는 역할이 달라지는 것을 상상해 보자. 사람들은 자신들이 좋아하는 배우가 다른 역할(특히 속편에서)을 하게 되면, 당황해 할 것이다. 『백 투 더 퓨처(Back to the Future)』 영화 시리즈에서 마티 맥플라이(Marty McFly) 역을 마이클 J. 폭스(Michael J. Fox)가 아닌 다른 배우가 연기한다고 상상해 보자. 교사들 또한 각자 전형적인 역할 이미지를 갖고 있지만, 이것이 좋은 것이 아닐 수도 있다. 다시 말해, 교사들은 하나의 역할에 갇히게 될 수도 있다. 오랫동안 일해 온 스태프에게 책임이나 기대를 감소시키거나 증대시키는 것은 많은 사람을 당황하게 할 수 있다. 모든 사람은 어떤 영화에서 어떤 배우가 어떤 역할을 연기하고 있는지를 안다. 여러분이 학교라는 영화에서 어떤 부분을 변경하고자 할 때, 여러분의 스태프들이 이에 적응하는 데 꽤 시간이 필요할 것이다. 마치 대니얼 래드클리프(Daniel Radcliffe) 이외의 다른 배우가 해리 포터를 연기하기 위해 노력할 때는, 나머지 스태프(여러분 학교의 교직원)들은 어떻게 하면 모든 것이 함께 잘 어우러지도록 할 것인지에 대해 신경을 안 쓸 수도 있다(이에 대해 나중에 더 자세하게 살펴보기로 한다).

동료 압력의 힘

집단이 개인의 업무수행에 어떻게 영향을 줄 수 있는지 이해하는 또 다른 방법이 있다. 우리가 학교 다닐 때, 집단 작업을 했던 방식을 회상해 보자. 교사는 협력과 학습을 중대시켜야 한다고 생각은 하면서도, 학업성취가 높은 학생들이 좋은 학습수행을 하여 A학점을 받아야 한다는 압박감 때문에, 스스로 과도한 역할을 할 수밖에 없었던 것을 떠올릴 수 있다. 그러나 어떤 학생들은 자신은 실제적으로 아무것도 하지 않아도 된다(역주: 무임승차)고 느꼈기 때문에 집단 작업을 좋아했을 수도 있다. 아마도 많은 교실에서는 학생들이 협력적인 과정을 거치면 서로 배우고 함께 성장할 수 있다고 기대한다. 그러나 대학 1학년 학생들에게 집단 작업을 얼마나 좋아하는지 물으면 대부분은 싫어한다고 말할 것이다.

교장들은 동료의 압력을 활용하여 교사들이 협력하는 방법에 미묘한 변화를 가져올 수 있다. 서로 공유하고 협력하기를 기대하는 문화를 개발함으로써 결과적으로 시너지효과를 가져올 수 있다. 그런 다음에 조직 내의 책임을 다시 균형 있게 만들기 위해 학교문화를 활용할 수 있다. 이러한 접근법을 쓰면 조직 내에 있는 사람들을 향상·발전시키기 위해 조직문화를 어떻게 활용할 수 있는지 알 수 있다.

다양한 신념을 억압하는 학교문화

집단을 활용하는 한 가지 잠재적인 가치는 문제를 해결하는 데 다양성을 접목시키는 것이다. 협력문화에서는 단지 한 사람이 문제해결을 시도하기보다는 한 집단의 사람들로부터 다양한 관점을 얻을 수 있다. 그러나 종종 문화는 다양성을 해치기도 한다. 문화의 목표는 새로운 사람들의 가치와 신념을 기존 구성원들이 갖고 있는 가치와 신념과 융합시키는 것이다. 어떠한 다양한 관점도 수정될 필요가 있기 마련인데, 그렇지 않으면 기존의 다양한 신념을 소유하고 있는 사람들이 그 집단에서 좋은 입지를 유지할 수 있다. 신념의 융합, 이것이 '용광로(melting pot)' 효과이다. 즉, 서로 시간을 더 많이 보내면 서로를 더 좋아하는 이치와 같다. 미국 중서부에서 온 사람이 뉴욕이나 뉴올리언스에서 6개월을 보내고 있다고 생각해 보자. 그 지역 사람은 그가 처음 도착할 때, "당신은 이 근처 출신인 것 같지 않아요. 그렇죠?"와 같은 말을 하면서 중서부 사람임을 알아챌 것이다. 수개월이 지나서, 방문자(중서부에서 온 사람)가 그 지역의 특성을 몸에 익힐 때쯤 자신의 고향에 돌아오면 어떻게 말을 해야 하는가에 관해서 또 약간의 충고를 듣게 될 것이다. 이는 음식, 의상, 언어, 그리고 여러 생활습관에서도 마찬가지이다. 방문자 또는 새로운 사람은 동화되는 경향이 있고, 자신이 집단에 영향을 미치기보다는 그를 둘러싸고 있는 문화에 속한 사람들을 더 닮아 간다. 이처럼 시간이 흐르면서, 협력은 '집단 사고(group think)'의 성향을 띠게 된다.

문화가 하는 일은 바로 이것이다. 문화는 '지금 여기에서 정상적인' 것으로 여겨지는 바를 재정의한다. 문화란 조화되는 상태로 보상해 준다. 다시 말해, 문화는 외부에서 온(겉도는) 사람을 별로 마음 쓰지 않는다. 이러한 문화적 수렴이론(culture convergence theory)을 전제로 해서 교장은 학교리더로서 학교를 개선하고자 시도할 때 무엇을 할 수 있을까? 교장이 일일이 붙어서 싸울 필요가 있는가? 아니면 문화적인 힘을 학교를 개선하는 데 유용하게 사용할 것인가?

다양한 아이디어가 모두 긍정적인 것만은 아니라는 사실을 명심하자. 밖에서 보면 좀 이상한 것도 있다. 어떤 아이디어들은 학교 개선에 보탬이 될 수 있지만 어떤 것들은 역효과를 내기도 한다. 우리는 종종 개별적으로 사고하는 것보다 집단이 집합적으로 사고하는 것이 더 낫다고 가정하는데, 이는 그 집단이 최선의 결정을 내릴 때만 진실이 되는 것이다. "방 안에서 가장 똑똑한 사람은 그 방이다."(역주: 개인보다 집단의 우위를 이르는 말)라는 말이 있다. 이 말은 현명하고, 새겨들을 만하며, 사실일 수 있다. 집단이 개인보다 낫다는 것이 실제로 사실이어야만 하지만, 우리는 많은 경우 그렇지 않다는 것(역주: 집단보다 개인이 낫다)도 알고 있다.

여러분이 중학교, 고등학교, 대학교에 다닐 때 내린 결정을 돌이켜 성찰해 보자. 예컨대 주말에 친구와 무엇을 할지 결정하고 있을 때, 이것저것 빼 버리고 최선의 아이디어를 선택하여 결론을 내렸거나, 아니면 가장 인기가 있거나, 잘 생기거나, 가장 운동을 잘 하거나, 또는 유일하게 차를 갖고 있는 친구의 아이디어로 결정하지 않았는가? 이런 방식이 성인들에게서는 발생하지 않는다고 가정할 수 있지만, 잘못된 기준이 행동을 하게 하는 정보가 되었고, 그것 때문에 최선의 결과에 이르지 못했던 때를 확인할 수가 있다.

개인의 인성, 집단 역동성, 하위문화, 그리고 전체 문화가 우리를 미리 정해진 길로 안내할 수도 있다. 이것이 좋을 수도 있고, 나쁠 수도 있다. 교사들이 대화를 할 때, 그 방에 있는 사람들(집단 사고)에 의존해서 행정 또는 특정 학생이나 학부모에 관해 불평을 시작하면 대화가 신속하게 중단되거나 부정적으로 흘러가는 경우가 있다. 어떤 교사가 학생들에게 또는 학교에는 도움이 되지만, 많은 교사에게 더 많은 일거리를 가져다주는 아이디어를 제안할 때도 이와 동일한 현상이 발생한다. 때때로 이런 아이디어는 금세 사라져 버리거나 어떤 때는 오래된 엘비스 영화로 뮤지컬을 제작하는 것처럼 엉뚱하게 발전(본질이 흐려질)할 수도 있다.

한 학교에서 어떤 사람이 "오늘 기분이 어떻습니까?"라고 물으면, "좋습니다. 여러분은 어떻게 지냅니까?"라고 대답하자 기분이 좋다고 대답한 사람에게 "무엇이 그렇게 기분 좋습니까?"라고 퉁명스럽게 되묻는다면 어떻겠는가? 특히 이러한 대화가 월요일에 일어났다고 가정해 보자. 이런 상황이 보여 주는 문화는 두 명의 화자 중 한 사람이 학교에서 일어나는 일상을 확인할 수 있게 해 준다. 만일 행복하고, 생기 있는 모습이 '이곳 사람들의' 행동과 일치하지 않는다면, 그의 동료들은 생기 넘치는 이 사람을 꾸짖고 뒷말을 하게 될 것이다. 그러나 만일 "무엇이 그렇게 기분 좋습니까?"라고 웃으며 말한다면 다른 사람들이 "여러분 괜찮습니까?"라고 물을 것이다. 왜냐하면 그런 행동과 대답한 내용이 어울리지 않게 무례하고 부정적이기 때문이다. 이렇게 표현하는 것이 문화적으로 정상이라고 받아들여진다면 부정적으로 말한 사람은 외톨이 같은 기분이 들 것이고, 그 문화에 '맞추기' 위해 다른 답변을 해야 할 것이다.

다음 각 항목들에 대해 여러분 학교의 교직원들이 어떻게 반응하는지 생각해 보자. 이는 여러분이 다음 항목을 언급하였을 때 보통(평균 범주) 교사들이 보이는 반응의 유형은 무엇인지 상상해 보는 것이다.

- 교직원 회의
- 전문능력개발 연수
- 폭설에 의한 휴교
- 시험
- 신임교사
- 점심시간 당번
- 전문학습공동체(Professional Leaning Communities: PLCs)

이제 협력적이고 긍정적인 학교문화에서 사람들에게서 얻는 반응을 생각해 보자. 개방문화, 긍정문화, 협력문화는 학교에서 사람들을 향상·발전시키는 데 활용하는 중요한 도구가 될 수 있다. 그러나 협력문화가 문제를 해결해 주지는 않는다는 것도 명심하자. 협력문화는 어떤 상황을 나중에 더 큰 문제가 되도록 방치해 버리기보다는 해결해야 할 문제에 필요한 체계(framework)를 제공해 준다. 게다가 여러분은 협력학교문화가 완전하게 구축되고 정비될 때까지 기다려서는—기다릴 여유도 없고— 안 된다. 학교에서 사람을 발전시키는 것과 긍정적인 문화를 개발하는 것을 동시에 이루어지도록 하지 않는다면 문화는 결코 여러분이 원하는 대로 되지 않을 수 있다. 문화를 개선하고 사람을 발전시키는 것은 서로 연합하여 움직이는 과정이다. 어느 하나가 다른 것에 비해 속도가 빠를 수는 있지만 두 가지는 병행하면서 성장한다. 사람들은 문화 속에서 서로를 바라보며 무엇이 '정상적인지를' 결정하려고 하며, 그런 다음에 그에 맞추어 행동하려고 한다. 여러분이 대부분의 구성원들을 동시에 전진하게 하지 못한다면 분명 그 누구도 발전하게 할 수 없다.

리더의 역할: 규범 설정자와 양심적 봉사자

리더들은 조직에서 규범을 설정하는 중요한 역할을 할 수 있고, 그렇게 하고 있다. 여러분이 어렸을 때에 "도둑질하지 마라." "거짓말은 나쁘다."라는 말을 부모님이나 선생님, 또는 다른 사람들에게 종종 들었을 것이다. 결국—우리가 소망하기로—사람들의 그런 가르침은 무엇이 옳고, 그른지를 말해 주는 여러분 자신의 양심으로 자리잡았다. 잠재의식의 각인자(역주: 부모 등)에게서 도둑질하지 말라고 하는 소리를 듣지 않아도 여러분 스스로 해서는 안 되는 것이 무엇인지 바로 알게 되었다. 이것은 상식이며 모든 사람에게 내재된 것처럼 보인다. 그러나 가끔 무엇이 옳고, 그른지에 대해 관점을 달리할 수가 있다. 학생을 대하는 방법도 다양한 자원에 기초하여 지혜를 얻을 수 있다.

  우리 중에 많은 사람은 고등학교나 대학교에 다닐 때 아르바이트를 하였다. 대부분 아르바이트는 일시적 지위였지만, 직업세계에서 영속적인 지위를 갖고 있는 주변 사람들과 함께 일을 한 것이다. 이 책 원서의 공동저자 중에 한 사람인 토드 휘터커(Todd Whitaker)는 대학 다닐 때 아주 좋은 레스토랑에서 웨이터 일을 하였다. 그는 시간을 엄격하게 지키고(또는 가급적 늦지 않으려 일찍 오고), 최대한 열심히 일하며, 불평하지 않는 본성을 갖고 있었다. 그는 다른 사람들도 언제나 자기와 같은 신념을 갖고 실천한다고 생각하였다. 그는 레스토랑에서 일할 때 아주 중요한 시간대인 금요일 교체 시간을 꼭 지켰다. 왜냐하면 그때는 음식점이 아주 바쁘고 붐비는 때이기 때문이었다. 그런데 다른 웨이터 중 두 명은 교체가 시작되는 다섯 시에 나타나지 않았다. 처음에는 별로 문제가 되지 않았다. 이른 시간에는 손님이 많이 없었기 때문이다. 그러나 레스토랑은 점점 손님들로 북적였고, 그래서 직원들이 나중에 다 채워졌어도 혼란스럽기 짝이 없었다. 많은 사람이 실망을 하면서 식당 분위기는 실로 거칠게 되었다. 급기야 그는 교체시간에 나타나지 않은 두 사람에게 그때에 어떤 일이 있었는지 물었다.

그들이 왜 근무 시간을 지키는 일에 이랬다저랬다 했는지, 그리고 왜 그 누구도 이것을 이상하다고 생각조차 하지 않았는지에 주의를 기울여 보자. 토드 휘터커는 여름 밤 내내 자신의 주변에 있는 다른 사람들이 어떻게 일을 하고 있는지 모른 채로, 제 시간에 출근했다. 어떤 사람들은 제 시간에 올 때도 있었고, 약간 늦게 올 때도 있었다. 또 어떤 사람들은 아예 출근하지 않았다. 어떤 사람이 출근을 해야 한다는 의무감을 느끼지 못하고, 비록 그 일이 자신들의 생계였다고 할지라도, 늦게 도착했을 때에도 미안해 하지 않는 것이 얼마나 이상한지에 대하여 그는 생각했다. 그러나 그때 그에게 정말 충격을 준 것은 그 누구도 이것을 이상한 것이라고 생각하지 않는 듯 보였다는 점이다. 늦거나 오지 않는 사람에게 연락하지 않는 것을 그냥 '정상적인 것'으로 받아들이고 있었다. 사람들은 그렇게 하는 것을 당연하게 생각했고, 지배인조차도 레스토랑 운영에서 있을 수 있는 표준 절차로 생각하고 있었다. 조직문화는 리더의 기대와 조화를 이루었다. 토드 휘터커는 이와 같은 일은 비전문적인 상황에서는 있을 수도 있겠구나 생각하면서, 이런 상황을 합리화하였다. 그는 '물론 헌신적이고 배려하는 교육자들로 구성된 학교에서는 결코 이처럼 되어서는 안 돼.'라고 생각하였다.

토드 휘터커는 교사가 되었을 때, 동료교사들이 피곤하거나 쇼핑을 하고 싶어서 병가를 내는 것을 알아챘다. 그들은 오전 9시에 30분 동안만 치과 진료를 예약하고선 온종일을 빼먹었다. 물론 모든 사람이 그렇게 하지는 않았지만 꽤 많은 교사가 그렇게 하는 것처럼 보였고, 이것이 학교의 규범이 되었다.

또 한 가지 분명한 사실은 안이한 방법으로 절차를 생략하거나 거짓말하는 등의 일을 아주 편안하게 느끼는 사람들은 이와 비슷한 짓을 하는 다른 사람들과 연계되어 그렇게 하는 것이 괜찮다고 합리화하는 경향이 있다는 것이다. 그들은 "어제 회의는 4시 15분까지 이어졌는데 보수는 4시까지만 주잖아."라고 말을 하곤 한다. 자세히 들여다보면 경력의 초기 수준에 있는 사람들은 이처럼 부적절할 수 있는 행동을 정당화해 온 사람들과 상호작용을 해 왔다. 그들은 궁극적으로 자신들의 하위문화를 만드는 하위 집단(일종의 지지 집단)을 형성했다. 사람들은 하위문화가 강하다면, 학교 문화보다는 하위문화와 일체감을 가지려 한다는 사실을 알아야 한다. 이런 상황에서는 어떤 신임교사는 명백하게 잘못되었거나 부적절한 것을 인정하거나 심지어 기대하기도 한다. 왜냐하면 신입직원은 다른 사람들이 그렇게 하는 것을 보았기 때문이다.

이와 유사한 일은 불평하는 데서도 나타날 수 있다. 많은 사람은 불평하는 것을 좋아하지 않는다. 불평은 사람을 불행하게 하고, 의지를 떨어뜨리고, 심지어 화나게까지 한다. 그러나 불평을 하지 않으려는 열망은 또한 불평하는 사람을 상관하지 않거나 그들을 대면하지 않으려는 것을 의미한다. 그러므로 불평하지 않는 사람들은 자신들의 관점을 별로 드러내지 않기 때문에, 우리들은 불평하는 사람의 이야기만을 들을 뿐이다. 불평하지 않는 사람들은, (1) 아마도 자신이 불평하는 것을 좋아하는 것처럼 비춰질 수 있거나, (2) 불평하는 사람들은 그들이 관심을 갖고 있는 것이 무엇이든지 간에 불평하지 않는 사람들을 공격을 하기 때문에, 불평하는 것을 꺼려 한다. 문화는 오랫동안 그 문화의 일부분이었던 불평하는 사람을 종종 지지할 것이다. 그것이 조직의 문화가 문제를 '해결하는' 방식인 것이다. 조직 문화는 불평하는 사람이 그렇게 하도록 내버려 두는 경향이 있다.

우리 모두는 누가 부정적인 성향이 있는지 알고 있다. 그런 사람들은 우리에게 누군가가 보고 있을 때만 열심히 하라고 말하기도 한다. 이러한 두 가지 형태의 사람들은 동일한 작업 공간, 심지어는 같은 가족 내에도 있을 수 있다. 우리의 기대와 행동은 우리가 상호작용하는 사람들에 의존하여 변해 간다. 이처럼 우리는 주변에 적응해 가는 사람들이다. 우리는 부정적인 인생관에 자신이 끌려다니게 내버려 두는 것은 잘못된 것이고, 문화의 부정성은 우리가 알고 있는 것보다 더 강력하다는 것을 알고 있다. 우리 내면의 소리와 옳고 그름에 대한 인식은 우리가 자주 접촉하는 사람들과 어떤 행동을 보상해 주는 문화에 의해 재조정된다.

리더의 주요 책임 중에 하나는 양심을 포기하거나 부족한 사람에게 양심을 갖도록 하는 것이다. 리더는 계속하여 옳은 것이 무엇인지에 대한 모델이 될 필요가 있지만 그렇게 하는 것으로는 충분하지 않다. 대부분의 사람이 역할 모델에게서만 배울 수는 없다. 그 이유는 간단하다. 모든 조직에는 긍정적인 역할 모델도 있고, 부정적인 역할 모델도 있기 때문이다. 교장이 사람들에게 긍정적인 모델을 이해하고 그들을 따르도록 안내하지 않으면 많은 사람은 그 반대 길로 눈을 돌릴 것이다.

많은 부모는 자신들이 바라보고 있을 때 자녀들이 옳은 행동을 하도록 할 수 있다. 그러나 어떤 부모들은 자녀들이 감시를 받지 않거나 부모가 자녀들의 선택을 알지 못할 때에도 옳은 행동을 하도록 자녀들을 키울 수 있는 능력을 갖고 있다. 많은 자녀는 성장하면서 자신의 행동을 안내하는 내면의 소리를 개발하기 시작한다. 어떤 부모들은 기대하는 만큼 빠르게 자녀들을 발달시키지 못하는 것처럼 보인다. 그리고 또 어떤 부모들은 자녀의 나이에 상관없이 원하는 지점에 이르게 안내하지 못하는 경우도 있다.

학교리더로서 여러분은 학교에서 일하는 사람들은 아무도—교장 여러분까지도—쳐다보고 있지 않을 때에도 학생들과 관련해서는 옳은 일을 할 것이라고 가정하여야 한다. 교실 배치, 수업 계획표, 그리고 멘토에 대해 생각하는 것은 최선의 역할 모델이 신임교사들에게 접근할 수 있도록 하는 데 도움이 된다. 뿐만 아니라 여러분은 일관된 안내를 하여야 하고, 여러분이 모르는 배후에서 일어날 수 있는 상호작용을 인식해야 한다.

///////

교사와 직원들은 어떤 문화가 자신들을 부정적인 방향으로 끌고 있을 때 이에 저항하기는 쉽지 않다. 이때 여러분은 부정적인 문화에 저항하려는 사람들을 지지하고 안내하여야 한다. 동시에 여러분은 사람들이 일상적으로 옳은 일을 하기 시작할 때, 긍정적인 방향으로 문화가 만들어지고, 그래서 문화가 모든 사람으로 하여금 학생들에게 가장 최선의 방향으로 일하도록 해 줄 것이라고 인식해야 한다. 새로 임용되는 교사들은 다양한 신념을 갖고 학교 상황으로 들어올 것이다. 학교문화는 그들에게 '현재 학교에서 일을 하는 방식'을 받아들이도록 시도할 것이다. 가능하면 항상 신임교사들을 최고의 교사들과 가까이 하도록 배치하는 게 좋다.

스터디 가이드

1. 여러분의 학교에서 교직원에게 가장 스트레스를 주는 이슈는 무엇인가?

2. 어떤 이슈가 우수한 교사들에게 스트레스를 주는가? 이것이 그들의 편에서 관심의 결과인가 또는 빈약한 직무 재분배 때문인가?

3. 어떤 영화가 신임교사들이 학교를 바라보는 모습을 최고로 표현해 주는가?

4. 여러분의 학교에서는 다양한 특성을 가진 교직원들에게 어떻게 반응하는가?

5. 여러분의 학교 문화는 문화를 어떻게 해결하는가?

수업 개선을 위한 학교문화

여러분의 학교를 어떻게 동정에서 공감으로—투덜대기에서 중지(衆智)

모으기로—나아가게 할 수 있을까?

조 직 구성원을 향상·발전시키기 위해 문화를 어떻게 활용할 것인지에 대해 논의하는 가장 중요한 이유 중의 하나는 교실에서 전개되는 수업을 개선하는 데 있다. 이 장에서는 교사들이 가르치는 방법을 개선하는 촉매제로써 학교문화에 주목한다. 문화를 개선하는 것이 곧 학교를 개선하는 것은 아니라는 사실을 기억하자. 문화는 단지 학교 개선을 가능하게 할 뿐이다. 교사들이 수업을 잘할 때에 학교는 더 좋아진다. 문화는 수업개선이 이루어지도록 해 줄 수 있다. 사실은 문화가 수업 개선이 실현되도록 요구할 수 있다. 이 장과 다음 장에서는, 교사들이 무엇보다 변화를 수용하게 하는 문화적 구성 요소, (1) 협력, (2) 학습의 계기, (3) 학생의 요구에 대해 살펴보게 된다. 이것을 문화적 지렛대의 작용점(cultural leverage points)이라 한다. 7장에서는 교사들이 수업하는 방법에 영향을 주는 문화의 층(layer)에 대하여 검토하게 될 것이다.

학습의 질은 수업의 질에 달려 있다고 해도 여러분에게 크게 충격을 주지는 않을 것이다. 마찬가지로 수업의 질은 교사의 질에 달려 있다는 명제도 결코 크게 충격적이지 않다. 그러나 학교문화가 우수한 교사들의 효과성을 감소시킬 수 있다고 말했던 것처럼, 문화가 능력이 부족한 교사들을 향상·발전시킬 수 있다고 제안할 수 있을까?

어떤 사람들은 자신이 집단 안의 다른 사람보다 영향력이 더 강한 것처럼 자신이 속한 문화를 압도할 힘이 있다고 믿을 수도 있다. 그렇지만 역사를 살펴보면 카리스마 있는 리더가 새로운 조직에 들어와서 큰 변화를 일으켰지만 그가 조직을 떠나갔을 때 그 집단은 다시 과거의 일상으로 회귀해 버린 경우가 많았다. 이런 집단은 오히려 다음 수준의 변화에는 더 저항적으로 변하게 된다. 문화는 집단의 구성원들에게 편안함과 예측 가능성을 제공하는 기능을 한다. 문화는 새로운 리더십의 일시적 바이러스를 이겨 내는 데 필요한 면역 체계를 제공해 준다. 우리는 문화의 이러한 힘을 우리에게 이롭게 사용할 수 있을까?

우리는 수업의 측면에서 최선의 전문능력개발은 주로 학교 현장의 비공식적 상황에서 다른 교사에게서 비롯될 수 있다고 제안하였다. 교사들이 서로 신뢰하고 있다면 지금껏 해 보지 않은 일조차도 기꺼이 함께 시도해 보는 의지를 갖게 하려 할 것이다. 점심시간이나 교사회의에 앞서 자신이 실패했던 수업에 대해 다른 교사들과 더 쉽게 공유한다. 이런 현상은 이미 학교에서 일상적으로 나타나고 있다. 교사들은 아이디어와 수업상의 팁을 공유하고 있다. 그들은 학생들에 대하여 그리고 종종 학부모들에 대해 서로 이야기를 나눈다. 아이디어와 수업을 공유하는 교사들은 자신들이 겪은 좌절과 그에 대한 해결책을 함께 나눈다. 이 해결책은 학생의 학업을 향상시키는 데 도움을 주거나 교사의 직무를 더 쉽게 해 줄 것이다. 그렇지만 어떤 해결책은 학생들에게 도움이 되지 않거나 교사로 하여금 소위 '묵시적 관심'이라는 태도수용에 이르게 할 수도 있다.

교사들이 서로 전문적 관심사를 정기적으로 공유하는 학교가 있는가? 학교리더인 여러분은 교사들이 이런 과정을 자주 갖게 하고 큰 차원에서 이를 일상적인(normal) 일이 되도록 하는가? 여러분은 교사들에게 그들이 직면하고 있는 문제를 안전하게 공유하도록 허용할 수 있는가? 여러분의 학교를 어떻게 동정에서 공감으로—투덜대기에서 중지(衆智) 모으기로—나아가게 할 수 있을까? 협력의 의미를 이해하는 것이 이를 위한 좋은 출발점이다.

교사가 모두 똑같게 길러진 건 아니다: 집단에 미치는 협력의 효과

협력적인 학교문화에서는 학교의 여러 가지 문제를 해결하기 위해 교사들의 전문성을 활용한다. 협력하는 학교에서는 교사들이 서로를 신뢰하며 동등한 목소리를 낸다. 이처럼 문제를 해결하기 위해 민주적으로 접근하면, 교사들은 종종 비판적일 수도 있는 전문적 담론에 참여할 수 있다는 자신감을 갖는다. 수업전략이 얼마나 효과적인지 분석할 때처럼 동료들의 피드백을 경청하는 것은 매우 귀중한 경험이 될 수 있다. 그러나 영향력이 약한 교사가 영향력이 강한 교사에게 영향을 주고자 할 때는 주의를 기울여야 한다. 교사들이 협력하는 중에(도) 나쁜 아이디어를 가려내는 일은 하나의 과제가 될 수 있다.

어떤 교사에게 역량이 있다는 환상을 갖게 하는 것이 항상 그 교사의 개성을 강화해 줄 수 있는가? 교무실에서 가장 지혜로운 사람이 가장 좋은 방법을 말하는 사람인가? 영향력이 약한 교사가 영향력이 약한 방법에 대하여 말할 때 최선의 교사가 무조건 동조하는 태도—단지 다른 사람의 감정에 상처를 주지 않겠다고 침묵하는(겸손한) 모습—를 보이지 않는가? 교사가 모두 똑같게 길러진 건 아니다. 그들은 유치원에서 중등학교까지 비슷하게 교육을 받은 것도 아니고, 동일한 수준에서 교사 준비 교육을 받은 것도 아니다. 그래서 대부분의 교사는 무엇보다도 현재 학교문화의 영향을 더 많이 받게 된다.

종종 신임교사들도 현재의 학교문화에 긍정적인 영향을 줄 수 있는 기술과 태도를 갖고 들어온다. 학교에 이런 신임교사들의 태도가 흡수되기를 원한다면, 학교문화의 주변 소음에 불과할지라도 그들이 목소리를 내도록 하는 방법을 찾을 필요가 있다. 이렇게 하려면 여러분은 언제 새로운 아이디어가 제안되고 있으며, 과거의 신념이 그것을 억압하려고 할 때가 언제인지를 인지할 필요가 있다. 신임교사들이 말하는 모든 것이 심오하지도 않고 사려 깊지 않을 수도 있다. 대부분의 학교에는 성공적으로 일을 해 왔다고 자부하는 경력교사들이 있다. 그들은 과거의 성공을 현재의 지렛대로 삼는다. 경력교사의 관점에서 보면 신임교사들은 학교 구성원들이 경험해 온 것을 알지 못하며, 그래서 미래에 성공하는 데 필요한, (국지적으로) 지각된 전문성이 적다고 생각한다(이것은 또한 신임교사는 경력교사가 현재의 자리를 쟁취하기 위해 싸우고 당당하게 승리한 전장에 서 보지 못했다는 것을 의미한다).

문화적 강점의 토대는 이런 것이다. 즉, 신임교사들은 경력교사들로부터 그들의 방식이 타당하다고 인정을 받기 위해서는 '학교에서 현재 일하는 방식'을 배워야 한다. 신임교사의 기술과 태도가 타당한 것으로 인정을 받는다는 것이 존중의 한 가지 형태이기는 하지만, 타당한 것으로 인정을 받는 것이 항상 효과적이라는 것을 의미하지는 않는다.

서로 다른 경험, 능력, 전문성을 갖고 있는 일단의 교사와 직원들이 함께 일하는 것을 상상해 보자. 그들에게는 해결해야 할 문제가 생긴다. 이런 상황에서 여러분은 다음과 같은 경험을 해 본 적이 있는가?

- 어떤 교직원은 새로운 문제를 과거의 문제와 비슷하게 만들고 과거의 실제를 적용하려 시도할 것이다.
- 어떤 교직원은 문제의 답이 하늘에서 떨어지는 것처럼 쉽게 생각할 것이다.
- 어떤 교직원은 폭풍이 금방 지나갈 것처럼 문제를 무시하려고 할 것이다.
- 어떤 교직원은 대면하여 큰 소리를 내면서 문제를 해결할 것이다.
- 성격이 내향적인 사람들은 침묵할 것이다.
- 집단에서 가장 지혜로운 사람들은 개입하지 않을 수 있다.

어떤 집단들은 협력할 때도 최선의 해결책을 결코 도출하지 못할 수도 있다. 왜 그럴까? 그리고 어떻게 하면 최선의 해결책을 설계하도록 이용 가능한 에너지를 동력화할 수 있을까? 특정 사람들에게만 시나리오를 말하도록 허용하는 '협력문화'를 만드는 것은 오히려 생산적이지 못할 것이다. 최선의 아이디어들 중 어떤 것은 처음에는 상당히 우습게 들릴 수도 있기 때문에 대부분의 많은 학교문화에서는 불행하게도 우습게 들리는 아이디어를 공유하도록 허용하지 않는다. 어떤 학교에서는 협력이 과거를 답습하게 만드는 길이기도 하다. 예컨대 '우리 모두 하나가 되자고 하는 것'이 협력의 한 가지 형태로 간주될 수 있으나 실제적으로는 단지 집단사고에 불과할 수도 있다.

모든 아이디어가 두려움이나 판단 없이 공개적으로 논의될 기회를 갖게 되었다면 그런 학교는 어떤 모습이 되었을까? 모든 교사가 회의 때마다 새로운 아이디어를 창안하도록 요청을 받는다면 어떨까? 새로운 아이디어를 내는 것이 규범이 되었고, 그렇게 하지 않는 사람이 잘못인 것처럼 느껴지게 되었다면 어떨까? 여러분은 교사들에게 수업에 대한 새로운 접근을 생각하게 하고, 새로운 아이디어를 기록하게 하고, 그것들을 서로 간에 공유하도록 동료문화를 활용할 수 있다. 여러분이 협력하는 방법을 창안하는 것이 문화를 변하게 하는 지렛대의 출발점이 될 수 있다.

교사회의와 그 상황에서 문화가 어떻게 작동하는지 생각해 보자. 교사들마다 이미 역할과 각본을 갖고 있다. 다시 말해, 여러분은 교사들이 무엇을 하려 하고, 무엇을 말하려는지 알고 있다. 따라서 더 나은 회의를 하려면 다음 내용을 활용해 보자. 전형적인 의제는 다음과 같다.

- 환영식
- 성공담 이야기
- 학급관리
- 학부모 참여
- 학생평가
- 도전적 목표
- 공개 토론

교장이 보다 효과적인 회의를 하기 위해 회의실을 정돈하고 회의 참여자들의 위치를 전략적으로 정해 줄 수 있는 방법이 있는가? 이렇게 하기 위해서 교장이 현재 문화에 대해 갖고 있는 지식을 어떻게 활용할 수 있는가? 교장이 개개 교사의 역할(그리고 각본)을 알고 있다면, 교장은 그들의 성격에 기초해서 연기(극장에서처럼)를 조율하고 그들의 열정을 끌어내는 드라마를 만들 수 있는가? 또한 현재 문화의 강점을 살리기 위한 연극(축구에서처럼)을 만들 수 있는가? 많은 경우 전쟁에서 군대의 장군과 스포츠에서 축구팀의 감독은 다음 전쟁이나 시합을 예측하기 위해 상대편이 과거에 했던 것에 대해 분석하려 한다. 상대편이 다음에 어떻게 할지 알면 도움이 된다. 여러분 학교의 문화가 강하다면 교장은 다음에 무엇을 해야 할지 알 수 있다. 교사들이 어떻게 반응할지 알고 교사회의에 참석한다. 그리고 의제 목록에 대해 잘 알고 있는 사람들이 큰 목소리를 내게 한다.

학습의 계기 보호

우리가 무엇을 학습하는 데에는 계기가 있다. 학습의 계기는 수업을 하는 중에 일어날 수도 있고, 운전을 하는 동안에, 점심을 먹는 동안에, 또는 일을 하는 중에도 일어날 수 있다. 교사들은 학생들과 함께 학습의 계기를 만드는 보람으로 산다.

마찬가지로 우리가 무엇을 개선하였다고 깨닫는 순간에도 학습의 계기가 존재한다. 그 계기로부터 우리는 정신적으로 서로 한 걸음 나아갈 것이고, 자신감은 더 증진될 것이며, 자아존중감은 증대될 수 있고, 그래서 무엇을 더 많이 할 수 있다는 역량을 자각하게될 것이다. 학습의 계기란 또한 과거의 신념이 새로운 신념으로 대체될 수 있고, 그 역도 성립하는(역주: 과거의 신념이 새로운 신념을 억제하는) 때이다. 이러한 학습의 개인적 계기는 과거의 신념으로부터 (방해받지 않도록) 보호할 필요가 있다.

학습의 계기(순간)가 발생하는 과정은 본질적으로 학교에서도 마찬가지이다. 학교가 개선되려면 시간이 걸린다. 학교는 다양한 형태의 자료를 활용하여 개선되어 왔다고 입증할 수 있다. 우리가 여기에서 제기하는 물음은 바로 이것이다. 학교의 개선이 일어난 때가 정확히 언제인가? 티핑 포인트[역주: Tipping point는 어떤 사회에서나 일어날 수 있는 급격한 변화 또는 놀라울 정도로 급속하게 사람들의 반응들이 일어나는 상태. 어떤 사람이 갑자기 관심의 대상이 된다든지 아니면 어떤 물건이 미친 듯이 팔리기 시작한다든지, 어떤 책이 베스트셀러로 부상한다든지 하는 행동들은 모두 티핑 포인트가 일어나는 예이다.]가 존재하는가? 이런 질문이 어떤 사람들에게는 적절하지 않을 수도 있다. 왜냐하면, 그들은 "학교가 개선되는 동안에 실제적으로 언제, 무엇이 일어나는지 누가 신경 씁니까?"라고 말할 수 있다. 우리가 의도하는 바는, 학생들이 새로운 학습을 하도록 보호하는 것처럼, 학교 개선의 계기를 확인할 수 있다면 그것이 다른 것으로부터 방해받지 않도록 보호할 필요가 있다는 것이다. 하지만 이 개선의 순간에 가까이 접근했을 때 학습이 일어날 수 있도록 가만히 있지 못하고, 방해하거나 타협하려는 학교가 아주 많다. 마치 뿌리를 내리려고 하는데 지나치게 그늘지게 한다는 옛말처럼 말이다.

이러한 생각은 교사나 행정가들을 위한 최근의 전문능력개발 행사에서 우리에게 다가왔다. 강연자는 많은 양의 정보를 제공하고 이것을 이해할 수 있게 전달하였다. 청중은 강연자가 전해 주는 정보를 온전히 받아들여, 그가 말하는 동안 생각에 잠기면서 마음속으로 자신들의 지역 학교 상황에 맞게 적용하고 있었다. 어떤 사람들은 노트에 메모하였고, 다른 사람들은 주변 사람과 어깨를 맞대고 아이디어를 나누거나 강연자의 열정에 심취하였다.

강연이 끝난 다음에 강연자는 우리에게 서로 마주 보고 머리를 맞대게 하였다. 강연자는 청중에게 자신이 공유한 것을 3분 안에 처리하도록 하였는데, 2분 내에 표현할 것을 생각하고, 그런 다음에 1분 내에 표현하도록 하였다. 또한 그는 우리들에게 각자 자신들 학교에 대해 생각하는 과정에서 잠재적인 획기적 발전 방안을 고안하도록 두 개의 아주 짧은 세션을 제공해 주었다. 이러한 활동은 세 시간짜리 과정에서 여러 차례 있었다. 강연자는 여러 차례 청중에게 정해진 시간 내에 자신들의 학교문화를 발전시키기 위한 방안을 집중적으로 생각하도록 안내하였다. 이 전문능력개발 행사에서 대표로 소개된 많은 학교가 개선할 시점에 있었고, 티핑포인트를 경험하려는 순간에 있었으나, 단지 발표를 빨리 끝마치려는 어떤 한 사람의 욕구로 인해 방해를 받았다는 것이 가능한 일인가?

이제, 학교를 개선하기 위해 무엇을 할 수 있었는지 면밀히 살펴보자. 여러분이 리더십 팀이나 교사들과 일을 할 때 학습이 발생하는 결정적인 순간이 있었는지를 생각해 보자. 다음 목록을 보고 학교가 개선된 계기가 어떤 것인지 찾아보자.

- 리더와 교사들이 학교에서 일상적인 업무에 열중한다.
- 학교의 업무수행 저조를 나타내는 정보(예: 학생들의 불평, 매체 보고서, 부모의 우려)가 제공된다.
- 리더들은 이러한 정보에 관해 생각하고 그들의 느낌을 교사들과 나눈다.
- 정보와 관련된 적절한 자료를 수집한다.
- 리더들이 자료를 검토하고 분석한다.

- 교사들이 자료를 검토하고 분석한다.
- 관심사를 해결하기 위해 계획을 세운다.
- 계획한 것을 실천하도록 지원하기 위한 전문능력개발 기회를 제공한다.
- 계획을 실천한다. 이때 새로운 역량을 경험한다.
- 실천에 대해 토의한다.
- 계획이 잘 작동하고 있는지 확인하기 위해 일정한 기간이 지난 후 새로운 자료를 수집한다.

자, 이제 학교는 어떤 계기로 개선되었나? 아마도 각각의 계기는 서로 다른 정도로 학습에 기여하였을 것이다. 가장 중요한 것은 무엇인가? 방해 요소에게서 개선의 계기를 보호하는 방법이 있는가? 우리는 학교문화 개선의 계기가 막 발생하려는 때를 알고 있으며, 학교 개선을 틀어지게 하는 방법들을 알아낼 것이라고 믿는다. 학교개선을 방해하는 것은 단순히 의심의 눈초리로 보고 있는 경력교사일 수도 있고, 또는 교육위원회에서 제안한 변화들을 인정하지 않는 학부모일 수도 있다.

이것은 이 책 공동저자 토드 휘터커에게, 리더십 비평가들이 당신은 너무 많이 사무실에만 앉아 있어서 더 많이 밖으로 나가 여기저기 돌아다닐 필요가 있다고 조언해 준 때를 떠올리게 하였다(역주: 바로 이때가 토드에게는 개선의 계기였다). 그들의 지적은 정확했다. 그래서 그는 사무실에 앉아 있는 대신에 여기저기 돌아다녔다. 그는 가끔 다른 낯선 모습을 마주치게 되었다. 한 비평가는 심지어 "여기서 무엇을 하고 있습니까?"라고까지 말하였다.

이러한 일화가 말해 주는 것처럼 비평가들은 여러분에게 새로운 행동을 하라고 권고했을지라도 그 행동을 지지해 주지 않을 수도 있다. 시간이 지나면서 여러분은 (스스로) 어떤 각본이 있는 역할을 개발하게 될 것이다. 그러한 각본이 여러분으로 하여금 일과 중에 많은 시간을 사무실에 있기를 요구한다면, 그것이 문화의 불균형과 혼란을 야기하거나, 심지어 학교를 개선할 수 있었을지라도, 각본을 벗어나는 것이 잘 받아들여지지 않을 것이다(역주: 결국 사람은 스스로 정한 각본에 따라 역할을 수행하게 된다).

이제 무엇을?

첫째, 이러한 종류의 분석을 수업에 사용할 수 있을까? 교사가 학생들에게 나아가기를 요구하는 범위를 벗어나서 복잡한 개념에 대한 이해에 근접할 때만 학생들은 학습의 계기를 갖게 되는 것인가?

새로운 아이디어가 미심쩍은 국면(phases of vulnerability)에서 새로운 신념의 국면으로 이행해 감에 따라, 어떤 문화들은 새로운 아이디어를 은연중에 희망하면서, 이러한 최종적인 의심의 계기(순간)를 기다려 왔을 것이다. 여러분은 문화가 어떤 것을 학습하려는(변화시키려는) 때가 언제인지 잘 알지 못한다 할지라도 우리는 그것이 -문화- 하는 일을 확신한다. 문화는 사람들이 불명확하고, 낯선 곳으로 이행하려고 할 때는 그들에게 과거에 성공하였을 때를 상기하게 함으로써 사람들을 보호한다. 이것은 잘못된 것이 아니지만 단지 생존을 위한 수단에 불과하다. 새로운 것이 제안될 때, 특히 화제가 수업처럼 개인적인 것일 때는 여러 사람의 목소리에 주의를 기울이자. '그러면 여러분은 무엇이 다가오는지 알수 있다.

/ / / / / / /

교사평가는 교실 수업을 개선하기 위해 시도하는 한 가지 방법으로 오랫동안 활용되어 왔다. 교사평가는, 시험 점수와 성과급을 연결시켜 온 데서 알 수 있듯이, 최근에 많은 곳에서 극적인 변화를 겪어 왔다. 다음 장에서는 학생의 목소리가 교사평가와 어우러져 어떻게 문화와 사람의 역동적 관계에서 핵심적인 역할을 할 수 있는지를 살펴보고자 한다.

스터디 가이드 📖

1. 교사의 직무를 보다 쉽게 해 주는 것과 교사들을 위해 그 직무수행을 쉽게 하는 것에는 어떤 차이가 있는가?

2. 여러분 학교에는 은연중 신임교사들을 괴롭히는 신고식 과정이 있는가?

3. 교장이 각 교사들의 역할(각본)을 알고 있다면, 그들의 개성에 따라(극장처럼) 연출할 수 있고, 보다 효과적인 교직원 회의를 개최할 수 있겠는가?

4. 어떤 교사들이 전체 학교를 위한 학습의 계기를 고의로 방해하는가?

이것이 무엇을?

CHAPTER

06

학생 목소리에
귀 기울이기

학생들의 주장은 교사의 전문능력개발에 영향을 주는 강력한 요인이다.

최근에 구조화된 것처럼 교장은 학교 현장에서 수업의 질에 대한 일차적인 책임을 지고 있다. 미국에서 교장은 수업 관찰의 규칙, 효과적인 수업과 비효과적인 수업을 구별하는 평가 루브릭, 학습 교정(矯正)의 프로토콜, 그리고 피드백을 줄 때 활용하는 스크립트 등 필요한 모든 것을 포함할 수 있는 교사평가 과정을 통제하고 있다. 게다가 많은 학교에서는 학생 시험 점수를 교사평가의 요소로 사용하고, 일부 학교에서는 교사평가를 보수와 계속적인 임용 계약에 영향을 주는 도구로 사용한다.

어떤 학교의 리더들은 교사의 효과성을 향상시키기 위해 교사평가의 과정들을 사용하고, 어떤 리더들은 징계를 요구하기 위해 교사평가 과정을 활용하는데, 이것들이 바로 미국의 교육문화(culture of education)이다. 어떤 교장들은 교사평가 과정이 불화를 가져온다고 하지만, 또 다른 교장들은 교사평가를 교사의 수업 개선에 대해 논의하는 기회로 인식한다. 공식적으로 정한 교사평가의 주된 목적이 무엇이든 간에 교사평가가 무엇을 의미하는지, 그것이 얼마나 가치가 있는지는 결국 문화가 결정할 것이다. 학생들은 교사평가의 결과에 크게 영향을 받고 있지만 우리는 학생들의 주장을 교사평가 과정의 중요한 부분으로 거의 인식하지 못하고 있다.

다양한 렌즈를 통해 학생참여와 수업을 보기

문화 형성자란 잘 알려진 자원들로부터 다양한 피드백을 받아들이는 것을 말한다. 이 절에서는 다양한 렌즈—학생이 제공한 렌즈—를 통해 교사들의 실제를 보기 위해 교사들과 함께 일하는 방법에 관한 아이디어를 제공하는 데 목적이 있다. 효과적인 학생참여와 수업에 관한 중요한 측면들에 대해 학생들에게 질문함으로써 그들의 눈을 통해 교사들이 자신의 수업 기술을 보도록 도와주자.

학생들이 편안하고, 환대받고, 열광하는 학습환경 조성

교사들은 그 무엇보다 학생들이 수업에서 편안하다고 느끼는지를 알아야 한다. 그러나 최적의 학습환경은 그런 결정을 뛰어넘어야 한다. 교사들에게 그들이 만들어 내는 학습환경이 학습과정에서 학생들을 편안하게 참여하도록 하는지를 학생들로부터 발견해 내도록 자극하자. 예를 들어, 학생들은 자기들 교실이 배우기에 최고의 장소라고 생각하고 있는가? 학생들은 교실을 넘어 더 넓은 세계와 관련지어 학습하고 있는가? 최근에 학생들은 수업의 일부로써 교실 밖으로—학교 밖으로 또는 지역 사회 밖으로—나와 체험하면서 수업을 한 적이 있는가? 이러한 질문은 교사가 학생들이 의미 있는 학습을 하도록 넓은 공간을 잘 만드는 방법에 대한 명확한 관점을 갖도록 하는 데 도움이 될 것이다.

학습을 재미있고, 흥미로우며 생활과 관련 있게 만들기

학생들의 효과적인 수업 참여는 학생의 학습에 필수적이다. 따라서 얼마나 많은 학생이 교실 안에 있기를 좋아하는지 교사와 함께 발견해 보자. 학생들이 얼마나 수업에 참여하기를 원하는지 알기 위한 유일한 방법은 학생들에게 몇 가지 질문을 하는 것이다. 예컨대 교과 내용이 잘 이해되는가? 교과 내용이 흥미 있고, 학생의 관심과 우선순위, 수업 내·외적 이슈와 관련이 있는가? 교사들은 수업 내용에 흥미를 갖고 있으며, 학생들이 흥미를 갖도록 돕고 있는가? 수업이 얼마나 재미있는가? 이러한 종류의 문제들에 대한 대답은 교사들이 자신들의 접근 방법이 얼마나 학생들과 관련이 있는지 측정하는 데 도움이 될 것이다.

모든 학생이 도전을 통해 숙달하는 학습을 하도록 보장해 주기

학생들이 학습의 궤도에서 때때로 실패해도 애써서 학습하도록 돕는 것은 교사들이 직면한 가장 큰 도전 중의 하나이지만, 그것은 또한 교사들이 얼마나 학생들의 학업 성공을 위해 투자했는지를 이해할 수 있는 가장 큰 기회이기도 하다. 교사들은 모든 학생이 확실한 학습이 되도록 얼마나 노력하고 있는지에 대해 알아야 한다. 또 학생들이 어느 정도 생각하고 있는지에 관한 학생들의 감정을 교사들이 더 많이 알도록 도와주어야 한다. 교사들은 문제를 갖고 있는 학생들을 잘 다루고 있으며, 학생들이 교과 내용을 파악하고 숙달하도록 다양한 접근과 자원 제공을 시도하고 있는가? 학생들은 자신의 지식을 테스트할 때가 되었을 때 얼마나 준비하였

107

다고 느끼는가? 교사들은 시험 후에 학생들의 감정이 북돋아지고, 다음 수업 목표에 도전할 준비를 하도록 추수(追隨)지도를 해 주는 가? 이러한 이슈들에 대한 학생들의 느낌을 이해하는 것은 학생들이 교사들을 자신의 편이라고 믿고 있는지를 결정하는 데 더 도움이 될 것이다.

학생들이 생각을 확장하고, 학습의 주도권을 갖도록 도전하게 하기

학생들을 대략적인 방법으로 대강 돕는 것으로는 충분치 않다. 교사들은 학생들에게 보다 높은 수준에서 사고하기를 원하고 있다는 것을 인지시킬 필요가 있다. 학생들은 학습하는 과정에서 반성적이고 비판적으로 사고하도록 요구받고, 학습 과정의 일부분인 수업에서 그러한 사고를 연습하고 습득한다고 느끼는가? 학생들이 교실에서 일어나는 일들을 어떻게 보고 있는지를 발견하기 위한 방법에 대해 교사들과 협력하자.

교사들이 학생을 주시, 경청, 존중, 귀중하게 여긴다는 것을 확실히 알도록 하기

이 측면은 학생의 안전을 빼고 가장 중요할 수 있다. 학생들은 그들이 중요하다고 느껴야만 한다. 그래서 교사들은 모든 학생이 자신은 중요하다고 확신해야 한다. 여러분은 교사들에게 학생들은 존중되어야 하고, 가치 있게 여김을 받아야 한다고 일러 줄 수 있다. 다음의 질문은 교사들이 어떤 상태에 있는지를 사정(査定)하도록 도움을 줄 것이다. 학생들은 교사들이 자신들의 아이디어와 의견을 중요하게 받아들이고 있다고 느끼는가? 교사들은 학생들에게 개방적이 되라고 격려하고 자신들의 개인적 생활을 학생들과 공유하는가? 학생들은 교사들이 모든 학생을 좋아하고 있다고 느끼는가? 교사들은 학생 비행과 같은 문제를 공정하고 적절하게 처리하는가? 학생들이 보기에 부모들은 교사를 어떻게 보는가? 학생들은 교사들이 학부모에게 편안하다고 인식되는가? 학생들은 교사에게서 부모들이 자녀의 학습에 우호적인 파트너로 대우받는다고 생각하는가? 이와 같은 물음에 대한 답은 귀중한 학생들이 학급공동체의 동등한 구성원으로 어떻게 느끼는지를 넌지시 말해 줄 것이다.

이러한 물음은 교사 개선을 위한 형성적 접근이다. 교사들이 새롭게 가르치고, 학생들과 새롭게 상호작용하고, 그래서 새로운 마음가짐을 실천하고 있는지를 실험하는 기회가 될 것이다. 현장연구 모델을 활용하면 이러한 새로운 아이디어를 제공하는 데 도움이 될 것이다. 우리는 과학적이고 체계적인 자료 수집과 보고 방식을 활용하여 이들 문제를 탐구하는 증거 기반(evidence based)의 교사 효과성 척도를 개발하고 있다. 우리는 이런 도구가 교사들이 강점을 더 강화해 나가고 약점을 밝혀내는 데 도움이 되는 강력한 도구로 작용할 것이라고 기대한다.

학생 제공 정보에 대한 반응에 영향을 주는 학교문화

학교문화가 협력적이라면 교사들은 학생들이 제공한 정보에 대해 교사들 간에 생각을 교환하는 것이 자연스럽다는 것을 발견할 것이다. 교사들이 강점을 공유하든 약점을 공유하든지 간에 이러한 대화의 결과는 자신에게 도움이 될 것이고, 그래서 이런 대화를 계속할 것이다. 만약 협력학교문화가 아니라면 학생들이 제공한 정보에 대한 자료를 수립하려는 노력은 시간을 허비하는 셈이 될 것이 분명하며, 이것은 교사평가에 그칠 뿐 실제적으로 교사 효과성의 토대가 되지는 못한다.

교사들은 저마다 어떤 자원으로부터 나온 결과를 성찰하는 정도에 차이가 있다. 어떤 교사들은 자신의 실제를 바꾸며 개선이 되었는지를 알아보려고 계속적으로 재평가한다. 어떤 교사들은 학생들의 반응을 합리화하려고 할 수 있다. 즉, '학생들이 효과적인 수업이 무엇인지 알기는 하는가?' 또는 '학생들은 교사평가를 절대로 심각하게 생각하지 않을 거야.'와 같은 자기대화는 거의 모든 상황에서 쉽게 있을 수 있다. 교사들이 성장하기 위해 이런 기회를 활용하지 않는 학교 규범이라면, 구태의연한 변명을 일삼는 교사평가 반대론자들로 넘쳐 날 것이다.

서로 공유하는 협력적인 상황에서도 같은 학교, 같은 학년, 같은 교과를 가르치는 교사들 간에도 분명히 큰 차이가 있다. 또한 사람들 간에 강점과 약점이 다양하다는 것도 명백하다. 학생들에게 안전하고 그들의 의견을 보호해 주는 학교환경에서는, 문화란 성장과 발달을 허용하고 이를 기대하기까지 한다는 생각을 강화함으로써, 이러한 (다양한) 담론의 이점을 충분히 살려 나간다. 또한 학교리더들은 주변인 교사들이(outlier teachers)—비록 진공 속에서 일하고 있을지라도—자기반성하는 노력을 통해 얻는 잠재적 이익을 간과하지 않는 것이 중요하다. 우리는 부정적 생각을 가진 소수 사람들이 가장 큰 모험을 감행하는 사람들과 자기성장에 초점을 둔 많은 사람에게 이득이 되는 어떤 것을 방해하도록 용납해서는 안 된다. 주변인 교사들을 예로 들거나 당혹스럽게 해서도 안 되고, 또한 이러한 중요한 질문을—대답이 단지 그들에게만 이익이 될지라도—학생들에게 하지 못하도록 막아서도 안 된다.

/ / / / / / /

교사평가는 교장의 전통적인 전문적 책무이기는 하지만, 학생의 목소리 또한 교사의 전문능력개발에 강력한 요소이다. 일부 학생들은 이 과정을 진지하게 대하지 않을 수도 있다. 교사들 또한 그렇지 않은가? 교사의 효과성을 결정하는 방법에는 여러 가지가 있지만 학교에는 교사의 효과성에 영향을 주는 다양한 층이 있다. 다음 장에서는 교사의 효과성에 영향을 주는 여러 문화의 층에 대하여 설명하고자 한다.

1. 여러분 학교의 교사들은 익숙한 자원으로부터 얻은 다양한 피드백에 반응하는 경향이 있는가?

2. 여러분 학교의 교직원들은 학교가 학생들에게 재미있는 곳이어야 한다고 믿는가? 재미있다는 것을 정의하시오.

3. 여러분 학교에서 교사의 효과성을 결정하는 최선의 방법은 무엇인가?

학교문화의
층 이해

어떤 것'의' 문화에 대하여 뭐라고 말하더라도 그 문화가 무엇인지 진

실로 이해하지 못했다고 말해 주는 셈이다.

앞장에서 살펴보았듯이 어떤 문화는 보다 넓은 문화의 하위문화에 해당된다. 그러나 모든 것을 다 말해 주는 하나의 문화는 존재하지 않는다. 어떤 실제들은 공통적이거나 문서화된 규칙 없이도 이해할 수 있지만 그것이 하나의 문화를 구성한다는 것을 의미하지는 않는다.

예를 들어, 어떤 사람의 성공에 박수를 칠 때 청중들은 손뼉을 치면서 일어나기 시작한다. 이러한 열렬한 박수 치기는 마치 우리가 야구 경기장에서 보는 물결 응원과도 같다. 즉, 다른 사람들이 자리에서 일어나 서 있을 때 그 누구도 자기가 앉아 있는 것으로 보이기를 원하지는 않는다. 관중석에 있는 어떤 사람이, 다른 사람들이 일어나면서 박수칠 때 일어나지 않으려고 자신의 눈을 다른 데로 돌릴지라도 (당신도 일어서라는)사회적 압력이 너무 압도적이어서 결국 모든 사람은 일어나서 박수를 치게 된다. 이것은 많은 시상식에서 공통된 실제이다. 시상식 등에서 박수를 치는 것이 규칙으로 정한 것은 아니고 시상식 의례에 관한 '문화'가 정해져 있는 것도 아니다.

마찬가지로 사람들은 정해진 운전 속도를 엄격하게 지키기보다는 다른 운전자들이 달리고 있는 속도에 맞추어 운전하려는 경향이 있다. 예컨대 어떤 고속도로의 공시된 제한 속도는 한 시간에

90킬로미터인데도 실제로는 100킬로미터에서 120킬로미터로 달린다. 고속도로에서 한 시간에 90킬로미터로 운전하는 것은 실제적으로는 운전하기에 안전한 속도는 아니다. 이 상황에서 주변 사람과 맞추라는 사회적 기대가 작동한다. 즉, 도로마다 운전자에게 기대하는 운전 행태가 있지만 그것이 교통에 관한 하나의 '문화'가 있다는 것을 의미하지는 않는다.

우리는 어떤 사람들이 사정(査定), 신뢰, 또는 학습'의' 문화를 만들려고 시도한다는 말을 들을 때, 그것은 사정, 신뢰, 학습을 포괄하는 하나의 문화를 의미한다고 생각한다. 분리된(separate) 문화는 우리가 개발하려는 각각의 요소를 위해 존재할 필요도 없고, 존재하지도 못한다[Edgar Schein, Personal communication(개인적 의사소통), April 28, 2016]. 우리는 여러 회의에서 연설을 하고, 다른 사람의 발표를 들을 기회를 가졌었다. 우리는 연설 제목에 '학교문화'라는 용어를 포함한 사람들에게 주목하였다. 연설자들이 다른 사람들에게 수백 개의 문화가 존재하고, 아마도 수백 개의 문화를 만들 수 있는 것처럼 사정'의' 문화, 학습'의' 문화, 신뢰'의' 문화를 구축하라고 자극할 때는 짜증이 난다. 이는 어떤 것'의' 문화에 대하여 뭐라고 말하더라도 그 문화가 무엇인지 진실로 이해하지 못했다고 말해 주는 셈이다(역주: 그만큼 무엇 '의' 문화 정체를 이해하기 어렵다.).

학교는 (여러 하위문화로 된) 하나의 문화를 갖고 있고, 그래서 하나의 문화는 구성원들에게 사정, 학습, 신뢰에 관해 어떻게 반응하라고 말해 준다. 이것이 마치 리더들이 사정에 관한 하나의 문화를 만들 수 있다고 말하는 것은 아니다. 그보다는 차라리 리더들은 현재

116

의 문화가 사정을 포함하도록 조형할 필요가 있다. 여러분이—학교 내에 존재하는 개별적인 요소에 초점을 두고—아주 많은 '문화'를 만들 필요가 있다고 믿게 하는 것은 되레 전반적인 구성 요소를 소홀하게 여기는 셈이다. 우리에게 사정에 관한 문화를 만든다는 것은 흡사 음식을 숭배하는 종교를 만드는 것과 같다. 수년 동안 문화를 연구한 후에 우리는 문화를 잘 이해하지 못하는 사람에게서 문화를 보호할 필요가 있다는 것을 깨달았다.

학급문화가 있다고 주장하는 것 역시 하나의 논의거리이다. 문화는 여러 해에 걸쳐 그 실체가 완성된다. 학급 집단이 하나의 문화로 형성되기 이전에 무엇이 일어나는지 논쟁할 수 있는데, 어떤 사람들은 동화(同化)라는 압력이 문화로서의 힘을 갖는 것처럼 말한다. 우리가 문화의 속성에 관하여 철학적 논쟁 속으로 휘말려 들어갈 수도 있다. 그러나 여기에서는 하나의 상황(setting)이 실제적으로 하나의 문화인지 논쟁하는 것이 아니라 여러 가지 문화의 층(layer, 역주: 학급, 학교, 교육구와 같은 층)이 서로에게 어떻게 영향을 주는지를 이해하는 데 초점이 있다.

학급문화

학급문화라는 것이 존재한다고 가정하면 우리는 그 문화가 교사에 의해 결정된다고 자신 있게 말할 수 있다. 학생들은 학급문화에 2% 정도의 영향력을 행사할 수 있을 뿐(Cruz, 2015), 문화는 성인들에 의해 결정된다. 두 개의 학교가 서로 닮지 않은 것처럼 어떤 학급도 동일하지 않다. 남녀 성과 인종이 동일하고, 교육경력이 같고, 같은 대학을 다녔고, 같은 교회에 다니는 두 명의 교사는 있을 수 있지만, (그들이 만들어 내는) 학급문화는 다르다. 교사들이 가르치는 학생은 같을 수 있지만 각 학급은 다르게 느껴질 것이고, 그 차이는 효과성을 다르게 하는 변수가 될 수 있다.

각 학급문화는 학교의 문화에 의해 영향을 받고, 학교의 문화는 다시 교육구의 문화로부터 영향을 받는다. 교육구의 문화는 학교의 문화만큼 학급문화에 강력하게 영향력을 주지 못할 것으로 보는데, 이는 곧 교장이 교육장보다 각 교실에서 일어나는 일에 더 많은 영향을 줄 것이라는 것을 의미한다. 교장이 각 학급에 미치는 영향력의 정도는 학교문화에 의해 결정될 수 있다. 어떤 학교에서는 교장이 학생들이나 교사들이 잘 하고 있는지 둘러보고, 교실에 자유자재로 들어가는 것이 일상적이다. 그러나 다른 어떤 학교에서는 교장이 이틀 전에 교실을 방문하겠다고 공지하지 않으면 수업 시간에 들어갈 수 없다. 그래서 교장이 불시에 교실 방문을 결정한다면 교사는 불만을 토로할 수 있다.

결국 교사는 행정가(역주: 교장)가 교실에 들어올 때마다 어떻게 반응할 것인지를 결정한다. 그러나 그 교사는 그 반응이 학교체제의 문서화되지 않은 규칙에 일치하는지를 학교의 문화를 통해 알 수 있을 것이다. 고속도로에서의 운전에 비유하면 모든 교사에게는 공시되지 않은 제한 속도(역주: 지켜야 할 문화)가 있다. 이것을 무시하면 교사들은 괴롭힘, 소문, 거리낌 같은 어떤 형태의 벌을 받게 될 것이다. 문화에 반하는 행태를 보이는 교사들은 그 문화에서 구성원으로서의 입지를 잃게 될 수도 있다. 즉, 그들은 정보, 안정감, 그리고 모두가 어떤 줄로 연결될 필요가 있는 소속감을 잃어버릴 수도 있다.

학급문화는 학급마다 매우 다르다는 것을 이해하는 것이 중요한데 그것은 변화를 위한 유용한 동력이 될 수 있다. 교사들에게 학교와 교육구의 리더십에 관계없이 학급문화에 아주 많은 영향을 줄 수 있다. 이것을 깨닫도록 하는 것은 교사들에게 권한을 부여해 주는 길이 될 수 있다. 이것은 교사들은 이제 자신들의 학교에서 학생과 관련하여 '규범을 어긴' 사람이 누구인지를 알게 될 수 있다. 교사들은 학생들의 개인 생활과 사회경제적 배경에 관계없이 매우 효과적인 교사가 될 수 있기 때문에 교장에게도 도움이 된다. 가장 효과적인 교사들이 보다 영향력 있는 사람들이 되어 그들이 다른 사람, 궁극적으로는 학급문화 전반에 영향을 미칠 수 있도록 하는 방법을 찾아내는 것이 중요하다.

학교문화

학교의 문화는 일선의 현장에 있는 성인들에 의해 구축된다. 학교문화는 교육구 수준의 인사들뿐만 아니라 학생, 학부모, 그리고 지역사회의 영향을 받을 것이다. 그러나 이들의 영향력은 비교적 미미하다. 왜냐하면 그들은 참호(trench) 속으로 자신들의 타당성을 가져올 수 없기 때문이다(역주: 외부자보다는 내부자인 교사들의 영향력이 크다.). 이것을 '참호증후군(foxhole syndrome)'이라 부르자. 어떤 학교에서든 경력교사들은 시간이 흐르면서 특별한 구성원 의식을 발전시킨다. 이러한 구성원 의식이 교사들이 전문가로서 어떻게 의상을 입어야 하고, 어디서 점심을 먹어야 하고, 교사회의에서 언제 발언을 해야 하고, 특수교육 대상 학생들을 어떻게 대해야 하는지, 또는 어디에 주차해야 하는지 등의 규칙들을 포함하여 문서화되지 않은 규칙을 준수하는 한 교사 효과성을 보다 높게 만들어 줄 것이다. 이러한 규칙들이 분위기를 잡아 주고 학교에서 일어나는 모든 것에 영향을 준다. 학교문화는 모든 문화 층에 가장 강력한 영향을 미칠 것이다.

우리가 '학교문화'에 관하여 일반적인 용어로 언급할 때는 문화의 이러한 수준, 또는 층을 언급하는 것이다. 모든 학교의 문화는 독특하며 오랜 기간 동안 물리적으로 근접해 있는 특정 사람들로 구성된다. 앞에서 언급하였듯이 어떤 조직에서든 문서화되지 않은 규칙들은 구성원들이 사회적 구조를 이해하는 데 도움을 줄 수 있다. 성인들은 자신의 역할을 채택해서 다음에는 무엇을 해야 할지 잘 예측할 것이다. 학교에서 교사들은 점차 교장의 인성이 좋은지 나쁜지, 강한지 약한지, 배려적인지 그렇지 않은지 감을 잡을 것이다(Fullan & Quinn, 2016).

학교문화는 각 학급으로 침투해 들어가는 아주 중요한(모든 것에 앞서는) 가치와 신념 체계들을 만들어 낸다. 이들 신념들이 분명 각 학급에서는 독특하게 변하기는 하지만 그 본질은 그대로 있을 것이다. 학교 수준의 문화는 최선의 문화로부터 최악의 문화라는 연속선으로 나타내는 문화유형학으로 구별·확인할 수 있는 그런 지점이다. 각 구성원의 업무를 뒷받침하는 기본적인 가치와 신념이 학교가 얼마나 효과적일 수 있는지를 결정해 주는 범주를 만들어 낸다. 이 책의 전작 『학교문화 활성화』에서 우리는 학교문화 유형의 다양성에 대해 논의하였다. 이 책에서 우리는 문화의 다양성을 기술하는 데 그치지 않고 학교문화가 어떻게 학급문화에 영향을 주는지 그리고 학급문화가 학교문화에 어떻게 영향을 줄 수 있는지에 대하여 서로 공유하였다.

학교에서 문화란 무엇인지를 인식하는 것과 학교에서 어떤 사람들이 가장 영향력이 있는지를 이해하는 것은 우리가 문화와 사람을 긍정적인 방향으로 움직이도록 하는 데 필수적이다. 전형적으로 이러한 깨달음과 이해가 변화와 진보를 위한 출발점이 된다.

미국 교육구 수준의 문화

미국 교육구(역주: 우리나라의 시·군·구에 해당하는 교육구로 미국에서는 크기와 형태가 다양하고 이 단위에서 자치를 하며 미국 전역에 대략 16,000개 정도가 있는데 점점 그 수는 점점 줄어들고 있다.) 수준의 문화란 지리적 지역 내에 있는 모든 학교를 포괄하는 층을 말한다. 미국의 많은 주는 이들 실체를 연합체 또는 법인체라 일컫는다. 이 수준에서 우리는 종종 수업 활동에서 벗어나 규모가 큰 운영

단위의 리더십과 경영에 참여하고 있는 인사들을 발견한다. 이 수준에서는 규칙과 정책의 개발 및 강제 집행을 통해서만 교사 활동을 감독할 수 있다. 운전 제한 속도를 정하려는 것과 같다. 문제는 문서화되지 않은 규칙은 언제나 문서로 된 규칙보다 우세하다는 것이다. 우리는 종종 문서화되지 않은 규칙들이 문서화된다면 규칙이 어느 정도나 약화될 것인지 궁금해 한다. 우리가 우수교사의 명시적 행동을 칭찬하여 그런 행동들을 표현함으로써 (명백하게) 새롭게 진술한 규칙들을 능가하는 문서화되지 않은 새로운 규칙들을 기대할 수 있을까? 우수한 교사의 명시적 행동들을 문서화하는 것은 되레 다른 사람들이 이를 따라 하지도 않고 유용한 것으로 지각할 수 있지 않은가?

교사와 학생의 핸드북(역주: 미국의 경우 Faculty Handbook과 Student Handbook이 따로 있어 교사와 학생이 지켜야 할 사항이 상세하게 나와 있다.)에서 발견되는 지침들을 분석하여 각 항목들이 어느 정도로 교육구의 법 조항에 일치하는지 순위를 매겨 보면 재미있을 것이다. 여러분 학교에서 다음 중 어떤 것들이 아주 엄격하게 신성시되고 있으며, 그중 어떤 것이 제안되고 있는가?

- 교사회의에 참석하기
- 전문직 복장 착용
- 비행학생을 상담부서에 보내기
- 대체교사 휴가 계획
- 학생 등교 시간 정하기

• 학부모에게 전화하기

앞의 목록들은 종종 교사들 스스로 전문적으로 성장하도록 교육구 수준에서 정한 역동적인 정책들을 학교 수준의 인사들이 이해하도록 도와준다. 어떤 학교가 교육구 행정가들에 의해 호의적인 학교로 비춰지기 시작하면, 그 학교는 보다 많은 자원을 끌어올 수 있다. 그러나 이 학교가 '교육구가 총애하는' 학교가 된다면 이는 다른 학교와 교육구 내에 있는 학교리더들에 의해 어떻게 평가되느냐의 관점에서는 비싼 대가를 치르게 (부정적으로 인식) 될지도 모른다. 효과적인 학교의 리더들은 자신의 학교가 다른 사람들로부터 호의를 받고 교육청에서 자원을 많이 얻어 낼 수 있다. 또한 자신들이 보다 덜 성공적인 상황으로 비춰질 때에도 부정적인 반응과 그로부터 빚어지는 피해를 가장 최소화하는 방식으로 학교의 위상을 잡는 데 도움을 줄 수 있다.

도전적인 상황에서 협력문화의 필요성

학급이든, 학교든, 교육구든지 간에 여러분이 문화를 고찰할 때 구성원 간의 협력과 연계가 가장 중요함을 알 수 있다. 예를 들어, 학교에서 어떤 교사들은 다른 교사들에 비해 더 성공적일 수 있다. 이는 사회경제적 배경이 낮은 학생들이 모인 학교에서 보다 명백하다. 사회경제적 배경이 높은 학생들이 모인 학교에서는 대부분의 학생이 교사의 효과성에 관계없이 표준화 시험과 이와 유사한 다른 시험에서 고(高) 성취자이다. 능력이 부족한 교사들이 담당하는 학생들조차도 사회경제적 배경이 낮지만 우수한 교사가 가르치는 학생들에 비해 아주 잘한다. 뿐만 아니라 학생들이 보다 도전적인(사회경제적 배경이 낮은) 학교에서는 우수한 교사들이 가르치는 학생과 열등한 교사들이 가르치는 학생 간에 학업성취의 차이는 더 많이 벌어질 수가 있다. 이러한 차이는 여러 문제와 씨름하고 있는 도전적인 학교들이 최대한으로 협력해야 하는 필요성을 말해 준다. 그런 학교에서도 몇몇 교사들은 기대한 것보다 더 크게 성공하기 때문에 우리는 그 교사들이 가진 지식이 많은 교사의 지식이 될 수 있도록 연계와 신뢰를 구축하기 위한 최선의 방안을 찾아야 한다. 많은 학교에서 교사들 간의 연계와 신뢰를 구축하기 위해 노력하는 한 가지 방법은 전문학습공동체이다. 하그리브스 (Hargreaves, 2015)는 다음과 같이 주장하였다.

각각의 교사들이 그들이 좋아하는―좋든 나쁘든, 옳은 것이든 잘못된 것이든―어떤 것을 마음대로 할 수 있었던 날은 손에 꼽을 정도이고 요즘은 가물가물하기까지 하다. 교직은 공동의 목표, 집합적 책임, 그리고 상호학습의 특징이 있는 전문직이다. 그러나 전문직 문화는 집단적 자율, 투명성, 그리고 책임이라는 특성을 지녀야 하고, 이러한 원칙들을 중심으로 정교하게 정비되고 구조화되어야만 한다는 새로운 기대가 행정적 통제를 무시하거나 소홀히 하는 행정적 따돌림과 남용의 면제부

가 되어서도 안 되고, 강제적인 장치가 되어서도 안 된다. 전문
학습공동체는 전문적 데이터만을 모으는 공동체이거나 전문적
시험 채점 공동체가 아니며 그렇게 되어서도 안 된다.(p. 140)

그렇다. 전문학습공동체는 현재 대유행이다(이것이 10장의 주요
주제이다). 그래서 많은 학교는 전문학습공동체가 문제를 해결해
줄 것이라고 믿는다. 분명 우리는 전문학습공동체가 문제를 해결
하는 하나의 수단이라고 생각한다. 문제를 해결하는 동안 사람들
이 스스로 어떻게 행동하는가는 학교문화의 규범을 반영할 것이
다. 교사들에게 교사회의에서 협력하지 않을 권한이 허용되지 않
는다면 그 회의를 하는 동안에 협력의 질이 극대화되지 않을 것이
라는 문제가 있다.

의제나 시간을 정해 주고서 사람들을 전문학습공동체 속으로
강제로 내모는 것은 효과성을 충분히 검증할 시간을 주는 것이라
기보다는 법정에서의 재판 과정과 아주 비슷할 것이다. 여러분의
학교가 전문학습공동체를 전개하기 전에 문화적으로 이를 별로
좋아하지 않았다면 우리는 여전히 그 문화에서는 전문학습공동체
에 대해 별로 신경 쓰지 않고, 전문학습공동체의 영향을 최소한으
로 유지하는 방법만을 찾게 될 것이라고 확신한다. 교사들이 전문
학습공동체를 좋아하는지 알고 싶으면 교사들에게 일주일 동안
누구를 만났고, 어떤 사람들을 배려하였는지 물어보라.

각 문화 간의 상호 관계성

분명 모든 수준의 문화는 서로 소통하고 영향을 준다. 그러나 리더는 이러한 문화적 연결의 긍정적 측면과 부정적 측면을 다 인식해야 한다. 가끔 교육청의 리더십이 연약하거나 부정적이라는 생각이 들면 학교는 이러한 공동의 적에 대항하여 힘을 모을 수 있다. 교장과 학교 수준의 다른 리더들이 직면한 도전은 그들이 어느 편에 있는지를(역주: 누가 주도권을 갖고 접근해야 하는가) 명백하게 해야 한다. 예를 들어, 학교 수준—교장과 교사—에서 보수 증가를 받아들이는 것이 어느 한편의 문제가 아니라면 '내부자'로 고려되고 있는 교장에게 자연스럽게 맡겨야 한다. 교육위원회가 새로운 법령을 제정하려 한다면 이때 교장은 아주 강력한 영향력을 발휘할 수 있다. 왜냐하면 새로운 법령은 과거에 발생했던 그의 오점이 아니기 때문이다(역주: 새로운 법령과 관련하여 교장은 귀책사유가 없기 때문이다.). 그러나 학교리더십은 정교한 균형을 필요로 한다. 교육청에서 어떤 학교가 교육청의 정책을 받아들이지 않는다고 지각을 하게 되면, 그 학교의 리더들은 나중에 교육구의 결정에 영향력을 행사하는 능력에 손상을 입게 될 것이고, 교육구의 다른 학교들과 비교하여 보다 높은 수준의 정책 감사를 받게 될 수도 있기 때문이다.

학교에서 교사의 하위풍토와 학생의 하위풍토는 서로 간에 상호작용을 하는 것처럼 학급, 학교, 그리고 교육구의 문화들도 마찬가지로 상호작용한다. 학교에 성공을 경험하지 못한 교사들만 있다면 그 학교는 발전하는 데 제한된 능력밖에 없을 것이다. 사회경제적 배경이 낮은 교육구에서는 학교들로 하여금 그들의 능력을 극대화하도록 하는 데 많은 어려움이 있을 것이다. 그리고 당연하지만 보다 많은 학교가 목표를 향해 나아가려고 할수록 교육구들은 성공에 도달하기 위한 도전이 더 커진다.

문화의 각 영역들은 제각각 작동하기는 하지만, 그들은 어쩔 수 없이 서로 연결되어 있다. 이것이 현실이지만 그 누구도 가장 큰 긍정적인 효과를 내지 못하게 하는 방편으로 다른 사람들의 노력을 사용해서는 안 된다. 여러분이 많은 영향력을 행사할 수 있고 어디에서부터 시작해야 하는지를 알아차려야 한다.

///////

많은 교육자는 그들에게 강제적으로 부과되는 변화나 정책 때문에 욕구좌절을 경험한다. 어떤 교사들은 학부모와 학생 가족의 관심과 역량 부족을 한탄하기도 한다. 이러한 욕구 좌절을 자각하는 것이 첫째이다. 불평에 에너지를 집중하려고 선택하는 것은 그 다음이며 그렇게 하는 것은 오히려 비생산적이다. 이유를 말하지 않게 되면 변명이 된다. 여러 가지 문화의 층들은 학교 개선에 유용하다는 것을 깨닫되 교장이 가장 영향을 줄 수 있는 부분들에 시간과 에너지의 대부분을 쏟는 것이 필수적이라는 것을 확실히 해야 한다.

1. 왜 교사들은 수업을 다르게 하는가? 이것이 좋은 일인가?

2. 여러분은 왜 학교의 문화가 학급에서 일어나는 일에 가장 큰 영향을 미친다고 가정하는가?

3. 여러분 학교에서 어떤 정책들이 신성시되고, 어떤 정책이 지금 제안되고 있는가?

CHAPTER

08

문화-사람 간
균형 방해

문화 균형의 혼란에 대해서 말할 때 우리들은 사람들이 수행 가능한 **역할**에 대해서 이야기하는 만큼 그 문화 속에 있는 **사람**에 대해서는 많이 말하지 않는다.

문화는 균형이 필요하다. 사람은 각자 예측 가능성을 유지하기 위하여 자신의 내부 각본(internal script)에 따라 행동해야 한다. 여러분의 학교에 항상 잘 웃는 사람이 있는가? 새로운 아이디어에 대해 항상 '악마 옹호자(devil's advocate, 역주: 열린 논의가 이루어지도록 반대 입장을 취하는 선의의 비판자)' 역할을 하는 사람은 있는가? 그 사람은 모험을 감수하는 것을 즐기면서 새로운 개념에 적극적인 사람(champions)처럼 보이는가? 모든 것에 동의하는 사람뿐만 아니라 모든 것을 거부하는 사람도 있는가?

우리가 말하는 균형이란 이런 것이다. 능력이 부족한 교사 세 명이 있는 어떤 문화에는 실제 세 명의 능력이 부족한 교사가 필요한 것이다. 시간이 흘러 변화가 있더라도 이 문화에는 현재의 정체성을 유지하도록 일관되게 부정적 교사, 비효과적인 교사, 냉담한 교사라는 (또는 "약함"을 정의하는) 세 가지 역할(자)로 채워져야 한다. 이들 교사가 해고되거나 또 자발적으로 그만두더라도 그 역할들은 그 문화 속에 계속 채워져야 한다. 교사들은 새로 고용된 교사들이 능력이 약한 세 명의 교사와 비슷한 직위나 상황, 일정 및 교사들에 연결되어 비슷한 역할을 담당할 것을 기대할 것이며, 그 역할을 담당하는 것이 조직에 적응하는 쉬운 방법이라고 생각할 것이다. 마치 다스 베이더(Darth Vader, 역주: 〈스타워즈〉의 가공인물로 악역의 전형으로 미국 영화 악역 50인 중 3위에 올랐다.)를 죽여 없애고 〈스타워즈(Star Wars)〉 시리즈가 계속 되기를 기대할 수 없는 것처럼 말이다. 우리는 반대자(the antagonist)의 역할을 하는 새로운 사람을 찾아야 한다.

따라서 문화 균형의 혼란에 대해서 말할 때 우리들은 사람들이 수행 가능한 역할에 대해서 이야기하는 만큼 그 문화 속에 있는 사람에 대해서는 많이 말하지 않는다. 신임교사나 교장이 30년 경력의 베테랑 교사를 대신하려고 할 때 어려운 상황이 일어날 수 있다. 대체된 교사가 관련 역할로 선택되어 배치될 때에도 문화 균형의 혼란은 계속될 것이다. 비유하자면 로저 무어(Roger Moore, 역주: 잉글랜드 영화배우로 1973~1985에 〈제임스 본드〉 영화 시리즈 7개작에서 제임스 본드 역으로 명성을 얻었다.)가 제임스 본드(James Bond)의 역할로 숀 코네리(역주: Sean Connery, 영국 스코틀랜드 영화배우로 007 시리즈에서 7차례 제임스 본드로 출연하여 유명하다.)를 대신할 때와 같을 것이다. 우리 중 많은 사람은 여전히 007 시리즈 팬으로 열광할 것이다. 단, 다니엘 크레이그(Daniel Craig, 역주: 잉글랜드 배우로 2006년부터 6번째 제임스 본드 배역을 맡아 현재까지 출연하고 있다.)를 좋아하지 않는다면 그렇지는 않을 것이다.

딜(Deal)과 케네디(Kennedy)는 『기업 문화(Corporate Cultures)』(1982)라는 저서에서 다양한 문화적 역할에 대하여 언급했다. 우리는 교육 장면에서 더 의미 있는 역할이 되도록 수정해 보았다. 누가 학교에서 다음의 역할을 하는지 생각해 보라.

- 퀸(여왕): 교사는 학교에서 가장 오랫동안 재직하고 있고, 그 누구보다 원하는 것을 얻을 수 있으며 교내 의사결정에 영향력을 행사한다.
- 조커(Joker): 교사는 상황에 관계없이 항상 웃기는 말을 한다.
- 역사가(학자): 교사는 과거의 실패에 대해 말하면서 지지받고 있는 새 아이디어를 가로막거나 개발하지 못하도록 한다.

이제 세 교사들 중에 한 명의 교사가 은퇴할 때 어떤 일이 일어나는지 생각해 보자. 새로 들어온 교사가 자신의 주요 역할 중 하나를 빠르게 수용하여 이행하지 않으면 그 역할은 불안정하고 변화에 취약해질 수 있다. 그래서 문화는 경력교사로 하여금 이들 역할 중 하나를 수행하거나, 아니면 누군가에게 그들 역할을 위임함으로써 불안정한 것을 신속히 해결하도록 한다. 이 이면에서의 이행을 무시하는 학교리더들은 좋은 기회를 놓칠 수 있다. 이 문화 혼란의 시간은 문화에서 수행하는 역할을 변경하거나 새로운 역할을 만들어 불안정을 제거하는 기회이다.

'충실 직원' 식별

교사들이 동료와 문화의 영향력을 거부한다는 것은 쉬운 일이 아니다. 그러나 여러분의 학교에는 동료의 신뢰를 잃지 않고 동료나 문화의 영향력을 거부할 수 있는 사람도 있을 것이다. 이들은 문화와 부딪히거나 그것을 극복하려고 애쓰지 않으며, 단순히 조직행동의 역동성을 이해하려고 한다. 결국 동료나 문화의 영향력을 거부하는 사람이 누구인지 밝혀내고 이들을 어떻게 활용하느냐가 중요하다. 이들은 내부 목소리나 방향 잡이에 해당하는 '진북(眞北, true north, 역주: 토목에서 북극 방향을 말하는 것으로 정밀 측량에 사용됨, 특정 지정의 자오선 방향을 가리킴)'의 역할을 하기 때문에 동료나 외부의 압력에 관계없이 올바른 일을 해 나간다. 문화를 발전시키고자 한다면 이러한 충실 직원을 찾아내어 개별적으로 그들을 강화하고 그들이 다른 사람과 교류하면서 리더십을 발휘할 수 있도록 해 줘야 한다. 이러한 충실 직원들이 많아지면 다른 사람들을 발전시키는 데 유용할 수 있다. 개선과 발전은 한 번에 한 사람에 의해 일어날 수 있지만 결국 문화의 기반을 놓는 데 기여하는 충실 직원에 의하여 이루어질 것이다.

다음 비유를 생각해 보자. 우리 중 많은 사람은 운동을 하려고 하거나, 또는 운동하기를 바라는 마음으로 밤 늦게까지 TV로 운동 프로그램을 시청한다. 우리는 이것을 건강(피트니스)의 슬라이딩 척도(sliding scale of fitness)라고 부른다. 어쨌든 대다수의 사람들은 규칙적으로 운동하기를 원하고 있다. 그러나 우리는 시간, 일, 비용 등 때문에 운동하기 힘들다고 말하곤 한다. 우리는 운동하는 데 가장 큰 도전 과제가 동기부여라는 것도 알고 있다. 그렇다면 어떻게 해야만 우리가 스스로 운동을 하는가? 아마도 우리 중 많은 사람은 운동 파트너와 함께 운동하거나, 운동을 즐겁게 만들거나, 서로 운동을 격려하거나, 어떤 사람을 긍정적인 역할 모델로 삼으려 할 것이다. 이것은 아주 좋은 생각이다. 그러나 만약 우리가 운동을 별로 좋아하지 않는 파트너를 찾았다면 상황은 달라진다. 예를 들어, 운동을 하기 싫어서 핑계를 대는 두 사람이 있다고 생각해 보자. 이런 상황은 우리가 다른 사람들과 연합하려고 결정할 때 마주치게 되는 도전(과제)이다. 반대로 우리가 희망을 갖고 운동하는 데 도움이 될 만한 파트너를 찾았다면 우리가 운동하기를 건너뛴다는 것은 쉽지 않을 것이다.

마찬가지로 문화(또는 하위문화)는 사람들이 좋은 일이든지 나쁜 일이든지 혼자서는 할 수 없을 것 같은 일을 할 수 있도록 격려한다. 비관론자가 다른 사람의 향상을 저지하려고 계속 시도할 때 문제가 빠르게 발생한다. 운동에 비유를 계속하면 날씨에 상관없이 정기적으로 달리기 때문에 여러분과 여러분의 파트너가 하는 달리기는 늘 하는 정상적인(normal) 일로 비춰질 수 있다. 4장의 레스토랑 종업원에 대한 일화를 보면 직원들의 출석률을 향상시키는 열쇠 중 하나는 출석하는 것을 정상적인 것으로 보고 가끔씩 하는 결근을 수용하지 않는 것이다.

문화는 사람을 변화시켜서 사람들이 생각하는 것보다 더 많은 것을 성취할 수 있게 한다. 그러나 이렇게 되기 위해서는 특별한 그 무엇이 필요하다.

강한 교사로 훈련 시키기

우리는 협력문화가 능력이 약한 교사를 더 강하게 만들 수 있으며, 최고의 교사도 독성 문화에 의해 약해질 수도 있다는 것을 알고 있다(Gruenert & McDaniel, 2009). 아무도 문화의 존재를 인정하지 않더라도 이러한 변혁은 일어난다. 우리가 각자 일을 하고 있지만 문화는 모든 사람을 집단의 평균으로 이끌어 가는 경향이 있다. 우리의 도전은 이 평균을 높이고 표준 편차를 낮추는 것이다.

다양한 문화와 다양한 정의

앞에서 언급했듯이 여러 유형의 학교문화가 있다. 우리가 협력(적인) 학교문화를 최적의 환경으로 생각한다면 무엇이 차선책일까? 다양한 유형의 학교문화를 파악하는 것은 우리가 하는 논의를 유용하게 해 줄 것이다. 학교에서 일어나는 일과 다양한 문화 유형들이 어떻게 그 활동을 '정의'하는지 생각해 보라. 예를 들어, 더 나은 교사가 되도록 돕는 활동인 전문능력개발(Professional Development: PD)이 여러 유형의 학교 문화에서 어떻게 일어나는지 살펴보자.

• 독성(toxic)적 학교문화에서 PD는 교사의 업무를 줄여 주는 것일 수 있다.

136

- 파편(fragmented)적 학교문화에서 PD는 방해물로 여겨질 수 있다.
- 분열(balkanized)적 학교문화에서 PD는 단순히 현상 유지하는 것으로 생각할 수 있다.
- 경쟁(contrived)적 학교문화에서 PD는 필수일 수 있다.
- 안일(comfortable)적 학교문화에서 PD는 직장을 편안하게 (독성과 같지 않게 하는) 만드는 방법일 수 있다.
- 협력(collaborative)적 학교문화에서 PD는 24/7(역주: 1일 24시간 주 7일 연중무휴)의 생활방식으로 간주될 수 있다.

동일한 개념(PD)이 여섯 가지로 변이될 수 있는 방법을 알겠는가? 아마 100개의 형태가 있을 수도 있다. 여기서 우리가 논의하려는 바는 바로 문화에 따라 PD라는 개념을 여러 가지로 정의한다는 것이다.

또 다른 예를 들어 표준화시험(검사)이라는 용어가 정의되는 방식에 대해 생각해 보기로 한다.

- 독성 학교문화에서 시험은 학생들 중 일부가 배울 수 없다는 것을 보여 주는 증거이다.
- 파편 학교문화에서 시험은 교사가 상을 놓고 경쟁할 수 있는 방법이다.
- 분열 학교문화에서 시험은 어떤 일부 과목이 다른 과목보다 더 중요하게 여겨지는 방식이다.

- 경쟁 학교문화에서 시험은 여러분과 여러분의 동료가 직무를 수행하는 이유이다.
- 안일 학교문화에서 시험은 필요악이지만 관리될 수 있는 것이다.
- 협력 학교문화에서 시험은 교사가 미래를 계획하는 데 사용할 수 있는 여러 형태의 평가 중 하나이다.

이와 같은 예는 학교에 따라서 다른 의미가 될 수 있다는 것을 알게 해 준다. '효과적(effective)'이라는 용어는 각 학교마다 의미가 다를 수 있다. 어떤 학교에서 한 교사가 효과적이라고 할 때 그것은 1950년대 때 훌륭하게 가르친다는 것과 비슷한 의미일 수 있다. 다른 학교에서는 효과적인 것이 도움이 된다는 의미일 수 있다. 그러나 학교가 어떻게 정의해야 새로운 교사가 갈망하는 그런 정의가 될 것인가?

수백 개의 학교가 참여한 연구(Turner, 2013)에서 시험 예상 점수를 넘거나 미달하는 특이점을 가진 학교들을 찾아내었다. 가정의 사회경제적 배경이 다양한 이들 학교를 방문하여 학업성취가 높은 학교와 그렇지 않은 학교의 차이를 확인하였다. 그 차이점은 여러 가지가 있지만 여기에서는 두 가지만을 제시한다.

- 학생 성취도를 정의하는 방식
- 변화의 추동력(推動力)

학생 가정의 사회경제적 지위를 감안할 때 예상 점수에 비해 시험 성적이 높은 학교는 (1) 시험 점수 외에도 책임감을 갖고, (2) 학습에 대한 열정을 보이며, (3) 남을 존중하는 것으로 정의되었다. 이 학교들은 학업성취를 광의의 개념으로 접근했다. 즉, 학업성취라는 좁은 관점이 아니라 학생 개인의 전인적 발달이라는 관점으로 보았다.

반대로 시험 성적이 낮은 학교는 시험 점수만으로 학생 성취도를 정의했다. 그래서 그 학교들이 집중하기로 선택한 영역은 실제 어려움을 겪고 있는 것이었다. 그 학교의 문화는 약점에 초점이 맞추어져 있어서 교사들은 (1) 학업 향상에 대한 기대를 하지 않았고, (2) 근무의욕도 상실했고, (3) 그 학교에서 일하는 것도 좋아하지 않았다.

문화와 변화의 추동

학업성취가 높은 학교와 낮은 학교의 두 번째 차이점은 변화를 자극하는 원인에 있었다. 시험 점수가 높은 학교는 변화가 필요하다고 생각할 때 변화를 시도했다. 그 학교들은 변화에 대한 내부 추동력이 있었다. 문화가 실제적으로 사람들로 하여금 향상하기를 원하도록 만들었다.

그 변화는 시험이나 구체적으로 가르치고 배우는 것과 밀접하게 관련되어 있지 않았다. 말하자면, 그 학교들은 점심을 먹기 위해 길게 줄을 서서 기다리는 속도에 불편함을 느끼면 그 방식을 변경했다. 부모가 자녀를 태워서 집에 데려가는 경로가 비효율적이라고 생각하여 그 방식을 변경했다. 학생들이 교실 사이 복도를 통행하는 방식이 잘 작동하지 않는다면 그것을 바꾸었다. 수학 커리큘럼도 개정했다. 사람들이 잘 작동하지 않는다고 생각할 때마다 그것을 개선하고 변경한다고 생각해 보라. 이처럼 어떤 학교에서는 무엇인가를 개선하는 일(getting better)이 선택이 아니라 예상되고 기대된 것이다.

내일 당장 학교에서 해결할 수 있을 것으로 기대되는 작은 일거리 목록을 만들 수 있는가? 이들 중 하나가 목록에 포함되는가?

- 학교버스 승 · 하차 절차
- 점심시간
- 공지 사항
- 전교생 집회
- 학교 공개

당신의 학교에서, 사람들을 괴롭히거나 좌절시킬 수 있는 몇 가지에 대해 잠시 브레인스토밍한 다음에, "만약 그것을 변경하면 누가 화를 내는가?"라고 물어보라. 즉, 우리가 일을 하는 이유는 보통 그것이 과거에도 늘 해 왔기 때문이다. 과거에 누군가가 좋은 생각이라고 결정했기 때문에 일상적인 일이 되었다. 그러나 그 사람이 떠나버리고, 일상적으로 돌아가던 일을 멈추지 않으려면 이를 수정해야 할 필요가 생긴다. 때때로 학교에서의 일상을 어렵게 만드는 이러한 것들을 누가 가로막고 있는지 물어보라. 변화가 생기면 사람들은 무엇을 잃는가? 수천 명의 다른 학교리더들이 이 문제에 관해 질문했으며, 일부는 그것을 해결했다. 일부는 매일 트위터 및 기타 소셜 미디어 사이트를 탐색하며 지금도 해결책을 찾고 있을 수 있다.

학교는 다양한 방식으로 변화를 자극한다. 어떤 학교는 리더십 팀이나 교육위원회를 통해 변화를 자극하고, 다른 학교는 리더 중심의 의사결정 시스템을 통해서 할 수 있다. 교직원 회의에서 모인 의견을 활용하여 변화를 자극할 수도 있지만 비공식적으로 의견을 달리하는 사람들에 의해서 자극을 줄 수도 있다. 중요한 점은 그들이 어떻게 변화하는지에 있지 않다. 여기서는 사람들이 내부 자극에 기초하여 변화를 지속적으로 어떻게 일어나게 하는가에 있다. 방금 설명한 연구에서 성과가 좋았던 학교들을 되짚어 보면, 그들은 뭔가 다른 것을 할 필요가 있다고 믿었기 때문에 내부적 자극으로 변화하였다. 그들은 지시를 기다리지도 않았고 다른 사람들에게 변화가 일어나기 전에 그것을 명령하거나 요구하지도 않았다. 대신 지속적인 자기평가와 개선의 문화를 통해 교사들이 아이디어를 공유하고, 자기성찰을 하고, 자신의 교실에서 위험을 감수하도록 독려했다. 때로는 이런 학교들도 실수를 할 때가 있지만 이것이 학교 공동체 문화의 본질이며 이를 통해 위험 부담, 실수, 성공을 모두가 공유한다.

성적이 낮은 학교는 주로 한 가지 상황, 즉 감독받을 때 변화되었다. 그것은 주 정부의 새로운 명령, 연방법의 변경, 교육청이나 교육위원회의 지시에 따라 이루어지거나 학교 밖의 기관이나 사람, 심지어는 무언가에 의해 또는 학교를 전혀 모르는 외부기관에 의해 강제로 이루어졌다.

수많은 상황에서 이들 학교는 비슷한 점이 있다. 연구에 참여한 첫 번째 집단의 성적이 높은 학교도 명령에 따라 변화할 때도 있다. 그러나 성적이 낮은 성취 학교는 법령 등으로 강요될 때만 변화를 추구함으로써 위험부담을 강행하는 모험을 줄이고 대체적으로 변화에 공격적으로 대하는 분위기를 형성했다. 왜냐하면 그것이 학생과 학교에 가장 적절했기 때문이다.

이 부정적인 풍조가 교직원의 보편적인 태도가 되면 어떤 사람들은 필요에 따라 변화를 실행하기보다는 무엇을 해야 할지를 기다린다. 또한 변화가 항상 다른 사람의 아이디어로 이루어지기 때문에 변화에 대한 수용력을 크게 약화시키고 줄인다. 어떤 상황에서든 지시를 받아 일을 하게 되면 수명이 길지 못할 것이다.

따라서 부정적인 문화에 있는 교사들은 단순히 수용하거나 방어하는 방법을 익히는 쪽으로 발전한다. 우리가 성공 부족을 다른 사람의 탓으로 돌릴 수 있다면 삶은 더 쉬워진다. 시간이 지남에 따라 높은 좌절감은 새로운 일상이 될 것이며 교사들은 매일 전투하러 전쟁터로 나가는 것과 같은 느낌을 가질 것이다. 그들은 그저 살아남는 것을 대단하게 여기며, 새로 들어온 신임교사에게도 어떻게 해야 살아남는지를 알려 준다. 부정적 문화에 익숙한 교사들은(자신들이) 효과적이라고 느낄지도 모른다. (불행하게도) 한때 이 학교의 부정적이었던 측면은 이제 이 학교에 강점을 나타내는 배지로 여겨지게 된 셈이다.

변화를 향한 자기성찰

　교육자와 학교리더는 학교가 학생의 성취, 성공 및 효과를 어떻게 정의하는지를 결정하기 위해 스스로 반성하고 성찰해야 한다. 그리고 학교에서 어떻게 변화가 일어나는지 탐색할 필요가 있다. 기존의 문화가 위험감수를 장려하고 있더라도 강하고, 혁신적인 교사를 개발하도록 먼 길을 갈 수 있다. 협력학교문화를 개발하는 데 있어 필수적인 요소 중 하나는 결과를 강화하는 것이 아니라 노력을 강화하는 것이다. 새로운 생각과 실천을 장려하고 평가함으로써 우리는 혁신으로 이어질 문화를 개발하고 강화할 수 있다. 한 번 이동한 방향으로 집단을 이끄는 것은 첫 발자국을 떼는 것보다 훨씬 용이하다. 매우 재능 있는 팀을 상대할 수 있을 만큼 열심히 뛰도록 만드는 코치가 약한 상대방을 대상으로 열심히 뛰는 우수 팀 코치보다 훨씬 더 인상적이다.

/ / / / / / /

　자신감 있는 직원을 양성하는 것은 위험을 감수하는 학생들을 개발하는 데 필수적이다. 그리고 교육자로서 우리의 목표는 위험을 감수하는 학생을 육성하는 것이다. 학교문화에 대한 역할을 이해하고 그러한 역할이 혼란스러울 때 일어날 수 있는 불안정성을 염두에 두어야 한다. 이처럼 우리가 의도한 문화를 만들기 위해서는 그 문화 안에 있는 사람들이 불안정을 느끼고 그러한 문화로부터 탈출하도록 할 필요가 있다는 것을 명심하라.

스터디 가이드

1. 학교의 역사가는 누구인가? 그 사람이 떠난다면, 누가 그 사람의 자리를 차지할 것인가? 그것이 학교 문화에 어떤 영향을 미칠 수 있는가?

2. 여러분이 원하는 문화의 토대로 봉사할 수 있는 사람은 누구인가?

3. 여러분의 학교는 개선의 개념을 어떻게 정의하는가?

4. 집단으로 내일 학교에서 향상시킬 수 있는 것들을 나열하시오. 그런 다음 어떻게 될지 물어보시오. 왜 그런가?

정책도 프로그램도 아닌 비난 제거

우리는 중요하지 않으면서 본질을 흐리게 하는 것을 따라갈 수도 있다.

조직문화라는 렌즈 속에 내재된 이면의 아이디어는 사람들을 돕고 발전시키자는 데 있다. 조직문화는 프로그램이 아닌 사람에 중심을 둘 때 더 쉽게 변할 수 있다. 우리는 프로그램 자체가 본질이고, 프로그램이 의사결정을 내리며, 문제를 해결할 수 있는 것처럼 생각한다. 그러나 우리는 프로그램에 대해 말할 때 사람들에 의미를 둔다고 하지만 되레 프로그램 그 자체를 지나치게 언급함으로써 사람들을 중심에 두지 않는 경향이 있다. 비난(또는 신뢰)을 받는 사람이 전혀 없으면 우리(조직)는 발전할 수가 없다. 그런데도 우리는 왜 일이 제대로 돌아가지 않는지 그리고 장애물을 제거하기보다는 그럭저럭 관리만 하는지에 대해 틀에 박힌 변명만 한다.

여러분의 학교에는 사람들을 고생하게 만들거나, 또는 잘 운영되고 있다고 생각하게 하는 프로그램이나 정책이 있는가? 그 답은 학교마다 같지 않을 것이다. 여러분이 높이 평가하는 어떤 학교가 어려움을 겪을 수도 있는 반면에 혹평받는 학교가 성공을 거둘 수도 있다. 왜 그러한가? 이것이 프로그램과 정책을 이행한 사람들과 관련이 없다고 생각한다면 다음 몇 가지 예를 계속 읽어 보라.

전문직 복장: 하나의 정책 사례

이 책의 공동 저자인 우리 둘은 어떤 분야의 특정 아이디어만을 고수하는 것에 동의하지 않는다. 하지만 교직원의 전문직(직업에 맞는) 복장에 대하여 많은 교육 리더가 개선해야 할 과제로 인식하고 있는 한 영역이라는 데 원칙적으로 동의한다. 현재 우리 사회는 통상 청바지를 입고 교회에 가거나 야구 모자를 쓰고 인터뷰를 하는 것을 상상할 수 없었던 30년 전에 비해서 전문직 복장을 입는 것을 덜 강조하는 경향이 있다. 우리는 경험을 통해 사람들이 어떤 경우에 어떤 옷을 입는지에 대해 많이 알고 있고, 그중 일부가 교사가 수업할 때 입는 복장에 관한 것이었다. 이에 관해 생각하는 한 가지 방법은 지금 전문직 복장을 입고 있느냐, 아니면 그렇지 않은가를 자문해 보는 것이다. 다시 말해, 그것은 원인과 결과 변수인가? 성적이 낮은 학급의 선생님이 턱시도를 입으면 학급 성적이 크게 향상되는가? 학급 성적이 높은 교사가 청바지를 입으면 학급 성적이 갑자기 내려가는가? 두 질문에 대한 답변은 분명히 '아니오'이지만 그렇다고 복장과 효과성 간에 전혀 관계가 없다는 것을 의미하지는 않는다. 그것은 단지 일대일의 인과 관계가 아닐 뿐이다.

어쩌면 학생 성취에 관한 논의는 전문직 복장에 대한 협의(狹義)에 초점을 두기보다는(앞 장에서 성적이 낮은 학교는 단지 테스트 점수로 정의되었다는 것을 기억하라.) 전문직이라는 큰 틀에서 논의할 수 있다. 우리가 행동하는 방식, 다른 사람들을 대하는 방식, 일을 수행하는 방식, 옷을 입는 방식에 있어 전문적인 환경을 조성하는 것이 더 건강하고 합리적인 접근 방식이 될 수 있다. 우리는 너무 좁은 것에 초점을 두려고 하는데, 더 큰 그림으로 본다면 그 복장에 대한 협소한 접근은 그다지 중요한 요인이 아니다.

교사들에게 유연한 복장 규정을 요구할 수도 있는 근무일과 교과 영역이 있다. 혁신적인 교사가 전문직 복장을 하지 않고 어떤 활동을 하거나 현장견학을 하지 않기를 바라는가? 여러분의 학교에서는 한때 몇 번 단정하지 못하게 입은 교사가 있었기에 지금은 교육위원회 정책에 따라 교사들이 불편하게 느끼는 복장 정책을 시행하고 있는가?

전문직 복장이 개인적으로 중요하다면, 학교장으로서 여러분은 교직원들이 학부모 상담, 학교 첫 등교일, 학교 공개 행사의 밤(Back to School Night)과 같은 행사에서 공식적인 복장을 입도록 강화할 수 있는 아이디어는 있는가? 예를 들어, 개인적으로 ("나는 그 넥타이를 좋아한다.") 또는 금요일 포커스(Whitaker, Whitaker, & Lumpa, 2013)에서 전체 교사에게 직접 의견을 말할 수 있다. 여러분은 "몇몇 학부모님은 지난밤에 훌륭한 교사 집단을 만났다고 합니다. 그들은 우리가 인사하는 방식이나, 얼마나 친절했는지, 심지어 옷을 입는 방식에 대해서 찬사를 아끼지 않았습니다!"라고 말할 수 있다. 요점은 이런 유형의 전문직 예의를 포용하는 학교문화를 원한다면 그것을 칭찬하라는 것이다.

대부분의 학교문화는 교사가 지역 사회와의 상호 교류를 위한 행사에 초청을 받을 때 좀 더 공식적인 복장을 갖추기를 바란다. 그리고 우리가 교사들에게 편안하게 입으라고 한다면 그들은 더 많이 편하게 느끼고 행복해 한다는 것도 안다. 그러나 복장이 학습에 영향을 준다는 것을 증명하는 연구는 없다. 감독들은 복장보다는 슈퍼볼에 땀을 흘린다. 농부들은 자녀에게 소를 기르는 방법을 가르칠 때 넥타이를 착용할 필요가 없다. 그러나 수업 관리에 어려움을 겪는 교사가 있다면 처음부터 전문 복장을 입으라고 권고하는 것이 좋다.

그러나 학교장으로서 여러분이 교사가 복장을 갖추길 바란다면 그 문화는 시대에 맞지 않게 될 것이다. 교사의 복장에 관한 정책과는 별개로 경력교사들이 실제로 복장 문화를 주도할 것이다. 이러한 문화를 바꾸기 위해서 우리는 새로운 규정을 수립하지 않기를 제안한다. 대신 신임교사들부터 시작하라. 이 문제가 정말로 중요한 경우 교사 지원자에게 학교의 평상일에 복장을 갖춰 입을 것, 넥타이 착용 빈도, 청바지를 입은 교사의 생각 등을 물어볼 수 있다. 인터뷰에서 말의 음색과 언어에서 기대하는 바를 설정하면 새로운 교사를 채용할 때 여러분의 선호도를 쉽게 강화할 수 있다. 지금의 문화에서는 이런 것들이 어색하다고 느끼게 할 것이다. 그래서 여러분을 지지하는 영향력이 강력한 경력교사를 여러분 주변에 두는 것이 좋다.

이 절에서 논의하는 목표는 전문직 복장에 대한 논평을 제공하려는 것이 아니다. 그것은 우리가 실제로 영향을 미칠 변화를 갖고자 할 때 중요하지 않고, 본질을 흐리게 하는 일에 빠져드는 예를 제시할 뿐이다. 전문직 복장은 넥타이 또는 스웨터를 입는 것 그 이상의 문제이다. 이것은 문화가 규칙과 일치하지 않기 때문에 교사와 교장이 직면하는 가장 큰 문제 중 하나이다. 불문규칙은 성문규칙에 우선한다. 어색한 옷을 입은 선생님들에 대해 불평을 멈추고 대신 여러분이 원하는 대로 옷을 입은 교사를 칭찬하라.

위로 클립, 아래로 클립: 학급관리 전략

학급관리 전략은 언제나 넘쳐 날 정도로 너무도 많다. 독단적인 훈육, 클래스 도조(Class Dojo, 역주: 교사가 스마트폰 앱을 활용하여 학생 관리나 평가를 쉽고 빠르게 할 수 있도록 개발된 학생 관리 도구), 레드-엘로우-그린(Red-Yellow-Green, 역주: 빨강은 위험, 노랑은 보통, 녹색은 양호 등으로 어떤 사안이나 행동에 대해 심각성을 분류하는 것), 칠판에 학생 이름 적기, 그리고 각각의 여러 버전들은 정기적으로 사라지고 있다. 만약 그것들이 쓸모 있다면 동시에 그 모두를 사용하라! 그러나 프로그램은 결코 문제가 되지 않거나 해결책도 될 수 없다는 점을 명심하라. 능력이 부족한 교사는 좋은 프로그램도 좋지 않게 쓸 수 있다.

미국의 많은 초등학교 교실에서 학급관리를 하는 일반적인 방법 중 하나는 클립을 올리고, 내리는 것(clip up, clip down)이다. 학생이 잘못하면 교사는 학생 이름이 적힌 클립을 보드에 내려놓고, 학생의 행동이 적절하면 클립을 위로 올린다. 일부 뛰어난 교사는 이 방법을 사용하는 것을 흥미로워하며, 또한 그렇지 않은 교사도 이 방법을 따라한다. 교사가 정기적으로 학생에 개입함으로써 혼란 행동을 최소화하고, 클립을 가만히 내림으로써 그 혼란 행동을 잠재울 수 있다면 그 교사는 그 방법이 효과적일 것이라는 믿음을 지니게 된다.

우리는 왜 이러한 접근법에 대하여 언급하는가? 그것은 무언가 잘못 해석되거나 오용되고 있는 사례이기 때문이다. 교장이, 교사가 클립 업, 클립 다운을 성공적으로 사용하고 있는 것을 관찰하는 경우, 그 교사는 그런 접근법을 사용하기 때문에 효과적이라고 생각할 수 있다. 학교장은 학교의 모든 교사에게 클립 업, 클립 다운 방식을 사용하도록 할 수 있고, 아니면 적어도 신임교사에게 그것을 하도록 요청할 수 있다.

우리는 교사가 전문적이고 적절한 방식으로 수업을 시작하지 않고 클립을 위협용으로 사용한다면 효과가 없을 것이라고 믿는다. 선생님은 클립을 움직이는 것을 너무 분주하게 자주 해서 다른 일을 할 시간이 별로 없을 것이다. 교장은 이 문제(새로운 접근법에 어려움을 겪고 있는 능력이 부족한 선생님)에 대해 알아보고 클립 업, 클립 다운을 활용하지 못하게 해야 한다. 그다음 전략에서도 비슷한 일이 일어날 것이다.

어려움을 겪고 있거나 능력이 부족한 교사들을 다루는 수월한 방법은 개별적으로 대하기보다는 비효과적인 교사가 사용하는 방법이나 아이디어를 따르게 할 것이냐 아니면 그것을 하지 않도록 하는 것일 수 있다. 고장이나, 지역, 심지어는 주 전체에서 새로운 규칙이나 명령이 어떤 사람, 어딘가에서 비전문적으로 또는 부적절하게 일을 처리했기 때문에 자주 생기는가? 새로운 사무용품 스테이플러를 주문하려면 엄청나게 복잡한 양식을 다 채워서 써야만 했던 적이 있는가? 이 양식은 어딘가에서 누군가가 만든 결과일 가능성이 있다. 더 나쁜 경우 누군가가 언젠가 자금을 오용했기 때문이다. 따라서 우리 모두는 비효율적인 리더십의 결과를 겪는다. 한 사람의 범법 행위를 잘 처리하려고 하기보다는 모든 사람이 따라야 하는 새로운 부서의 절차가 되어 버린 것이다. 어떤 경우든지 그 사건을 일으킨 사람은 그것을 따라 하지 않을 것이다!

어떤 학교에서는 이것이 일을 처리하는 방법이며 아무도 그것을 이상하게 여기지 않을 것이다. 신임교사는 잠시 의심쩍어 주변을 살펴보겠지만 조만간 그 흐름을 조용히 따를 것이다. 어떤 학교에서는 누군가가 규칙을 어길 때마다 새로운 규칙을 마련한다. 인디애나주는 최근 운전자가 더 빨리 운전할 수 있게 사람들이 고속차선에서 규정 속도로 운전하지 못하도록 하는 교통법을 통과시켰다. 즉, 법이 누군가가 교통법을 위반하는 것을 막는 행위를 불법으로 만든 것이다. 어떤 문화권에서는 누군가 바보 같은 짓을 하는 것을 보게 된다면 여러분은 그 사람이 어리석은 짓 하기를 기대하게 될 것이다.

#월요일축하의식: 문화 파괴

우리가 이 책의 전작 『학교문화 활성화』에서 받은 가장 고마운 피드백 몇 가지는 그 책을 자신의 환경에 변화를 주도하고 이끌어 내는 자극제로 사용하였고, 전 세계적으로 영향을 미칠 수 있는 무언가를 수행했다는 것이다. 그러한 변화 중 하나가 트위터 해시태그 #CelebrateMonday(#월요일축하의식)로 불리게 된 것이다.

일반적으로 많은 사람이 월요일에 반쯤 졸린 상태로 있거나 기분이 조금 나쁜 날이라고 불평해도 괜찮다고 생각한다. 이것은 한 사람만이 아니라 문화적으로 여겨지는 것이다. 본래 월요일에 기분이 나쁘다거나 금요일에 좋아야 한다는 그런 이유는 없다. 실제로 우리가 월요일에 비참하다는 것을 인정하면 우리는 우리 자신의 프레임에 그 주(週)의 20퍼센트를 잃어버리는 것이다. 그리고 교사들은 월요일에 학교 출근하는 것이 자신의 가정에 있는 것보다 더 낫기 때문에 출석한다는 것을 알아야 한다. 그들 중 일부는 주말이 그 주에서 최악의 날일 수도 있다.

『학교문화 활성화』의 독자인 숀 게일라드(Sean Gaillard) 교장은 이 상황을 고려하여 뭔가 하기로 결정했으며, 그 파급 효과는 놀라웠다. 게일라드 교장은 노스캐롤라이나 윈스턴세일럼에 있는 존 F. 케네디 고등학교의 교장이다. 이 책을 읽은 후 그는 월요일 '축하' 의식으로 '문화 파괴' 가능성을 제시했다. 그는 자신의 학교뿐만 아니라 모든 곳의 학교에 영향을 줄 수 있는 무언가를 만들기로 결정하였다.

게일라드 교장은 인터뷰에서 자신의 경험에 대해 더 많이 이야기했다. 그는 『학교문화 활성화』에서 월요일은 우리를 비참하게 할 수 있음을 '허용'한다고 읽었다. 그는 그 가정(假定)이 본질적으로 사실이 아니고 잘못된 것이라고 여겨졌지만 어쨌든 우리는 그렇게 할 수 있다고 생각했다. 그는 또한 전문직으로서의 교육자들은 (월요일을 포함하여) 매일매일 할 수 있는 훌륭한 일들을 축하하기에 충분하지 못하다고 느꼈다. 그는 교육자들이 인식하고 가치 있게 생각할 수 있는 더 많은 기회를 원했다. 같은 시기에 그는 마케팅을 위해 트위터를 사용하기 시작했으며 학교를 홍보하기 시작했다. 그가 첫 번째 한 것은 교직원 회의에서 주제를 소개하고 "월요일을 축하하는 날로 정하는 것이 얼마나 어려운가?"라고 물었다. 교직원들은 교육에서 개인적 영웅이라는 학생과 다른 사람들에게 큰 소리를 내지 않아도 된다는 것에 동의했다. 트위터의 '채팅'을 발견한 직후 그는 교육계의 많은 긍정적인 면을 장려하기 위해 채팅을 시작하고자 했다.

게일라드 교장은 일요일에 트위터에서 다른 사람들에게 월요일, 그의 학교와 자신의 일상에서 #CelebrateMonday를 할 계획을 알려 주는 것으로 시작했다. 놀랍게도 몇 주 지나자 그의 생각은 트위터에서 유행하기 시작했다. 그의 생각은 주간 및 시간대별로 상위 10개 주제 중 하나가 되었다. 게일라드 교장은 월요일에 대한 사람들의 태도에 대해 아무것도 할 수 없다고 생각하여 가만히 있기보다는 월요일 해시태그를 통해 실제로 학교뿐 아니라 수천 명의 교육자와 학생들에게 영향을 주도해 왔다. 이 운동을 관찰하고 참여함으로써 자신의 학교와 삶에서 #CelebrateMonday축하의식 (역주: 월요일을 즐겁게 시작하자) 방법에 대한 수십 가지 아이디어를 찾아 공유한다. 게일라드 교장은 모든 교육자에게 학교 주간 첫날을 긍정적으로 축하하는 이유를 설명한다.

게일라드 교장의 아이디어는 국제적으로 영향력을 가지며 트위터에서 인기를 얻고 있다. 그는 학교 교장으로 부임한 첫해에 자신부터 학교문화를 바꿀 노력을 시작했으며, 교사들은 사진을 찍고 학생들과 학교를 드러내고 자랑하였다. "이제 우리와 선생님들은 월요일을 기대한다." 그는 우리에게 말했다. "우리는 모두가 환호하는 것을 보고 흥분한다."

변화를 일으킬 때 우리가 항상 염려하는 한 가지는 저항하기 (push-back)이다. 우리의 노력은 반대론자들에 의해 어떻게 받아들여질까? 게일라드 교장은 처음에 사람들에게서 "여보시오, 당신은 월요일을 즐기는 사람이구먼" 또는 "당신은 트위터를 아주 좋아하는구먼."과 같은 코멘트를 들었다고 말했다. 그러한 반응은 문화적 저항하기의 완벽한 예이다. 어떤 사람들은 여전히 월요일에 괴롭다는 생각에 빠진다. 또 어떤 사람들은 매일 비참하다고 생각한다. 그들은 다른 사람들이 행복하고 낙관적으로 되지 않기를 바라는지 모른다. 동료 교장들조차도 회의에서 #CelebrateMonday 축하의식을 비웃었다. 많은 사람은 겉보기에 월요일이 비참하게 남아 있기를 바라는 듯하다. 그런 태도가 그들을 보호하고 있는지 의아하다.

그러나 게일라드 교장의 새로운 제안에 대한 열의가 이런 저항하기를 압도하였다. 그는 저항하는 사람에게서 (당신이) 교육에 대한 사랑을 갖도록 도와주어 고맙다는 메모를 받곤 한다. 일부 메모에서 교사들은 이직하겠다고 했지만, #CelebrateMonday는 교사가 하루하루가 새롭다는 긍정심을 갖도록 해 주었다. 게일라드 교장은 중요한 건 해시태그 그 자체가 아니라 그 이면에 자리잡은 사고방식과 사람들이다. 그는 독일, 영국, 아르헨티나 사람들에게 명백히 월요일을 싫어하는 것은 국제적인 현상이라고 말했다. 그 운동은 국제 사회를 넘어서, 우주까지 뻗어 나갔다. 국제 우주 정거장에서 미국 우주 비행사 제프 윌리엄스(@Astro_Jeff)는 플로리다 키스(keys)의 사진을 공유하고 #CelebrateMonday 해시태그를 추가했다.

우리가 게일라드 교장에게 이것이 풍토나 문화에 영향을 미치는지 물었을 때, 그는 자신의 노력이 두 가지 측면에서 영향을 미칠 것으로 생각한다고 말했다. #CelebrateMonday를 시작한 이후 개인적으로 월요일을 더 기억하게 되었다. 그 일관된 입장은 성공의 필수 요소이다. 우리가 알다시피 우리가 풍토를 변화시키고 결코 되돌아가지 않으면, 그 변화는 문화의 일부가 된다. 게일라드 교장은 매주 월요일이 휴일과 같다고 느끼며 학교에 있는 사람들이 가장 기대하는 날이라고 생각한다. 그가 우리에게 말했던 것처럼, "나는 결코 그날을 잊어버리고 싶지 않다."

우리는 놀라운 인물이자 리더인 게일라드 교장에게 감사한다.

일상(日常)의 차이

처음에는 눈에 띄지 않을 수 있지만 전문직 복장, 클럽 업, 클럽 다운 및 #CelebrateMonday의 예는 비슷한 점들이 있다. 그 하나는 작은 집단에서 뭔가를 시작하는 것이 실제로 한 사람에게 달려 있다는 것이다. 한 교사가 전문직 복장을 하면 다른 교사도 자신의 옷차림을 알아차리고 격식 있는 복장으로 할 수도 있지만, 그렇지 않을 수도 있다. 차이를 만들려면 다른 사람이 잘못하더라도 올바른 일을 계속해야 한다. 그리고 한 사람이 변화하지 않는다고 해서 아무도 변화하지 않을 것이라 생각하지 말아야 한다. 또한 불안정이나 기타 이유가 계기가 되어 당신이 원하는 이상으로 사람들에게서 더 미묘한 변화를 불러일으킬 수 있다. 예컨대 교사들도 넥타이를 착용하는 것보다는 어울리는 양말을 착용하거나 구멍이 없는 양말을 신을 수도 있다. 이러한 변화가 당신에게는 뚜렷하게 다가오지 않을 수도 있지만 당사자와 그들의 자아존중에는 명백하게 의미가 있는 일이다. 이러한 미묘한 변화는 상징적인 의미가 있다.

도전은 모든 사람이 무언가를 하도록 시도함으로써 시작되는 게 아니라 몇 사람이라도 뭔가를 하려고 함으로써 시작된다. 우리는 결코 전체 문화를 바꾸어서 시작할 수는 없다. 사소한 일상적인 일이나 이야기를 바꾸거나 찌푸린 얼굴을 미소로 바꿈으로써 이것들이 결국에 문화의 일부가 되게 한다.

/ / / / / / /

이것을 생각해 보라. 옛날에는 아무도 안전띠를 착용하지 않았었다. 그런데 지금 우리는 안전띠 없이는 불편함을 느낀다. 과거에 흡연은 좋고 멋있는 것으로 보였지만 이제 그 인식은 완전히 바뀌었다. 이러한 변화는 한꺼번에 시작되지 않는다. 이런 변화는 한 번에 한 사람씩 일어난다. 그리고 그것은 우리가 원하는 곳으로 갈 때까지 계속된다. 매일 조깅을 하는 사람은 결코 세계 정상급 마라톤 선수는 아니더라도 아마도 별 죄의식 없이 아이스크림콘을 즐길 수 있다. 여러분이 보기 원하는 문화를 만들라. 매일 그것이 되도록 하라. #CelebrateMonday에서 봅시다!(역주: google이나 naver에서 실제로 '#CelebrateMonday'를 검색해 보면 이에 대한 많은 자세한 정보를 얻을 수 있으며 전 세계의 아름다운 교육 장면과 재미있는 내용을 볼 수 있다.)

스터디 가이드

1. 월요일을 경축한다면 어떻게 되겠는가? 누가 합류하고 저항할 것인가?

2. 성공한 기회가 있다고 생각했던 최근의 프로그램 중 실패한 프로그램은 무엇인가?

3. 교직원 회의에 새로운 아이디어를 가져다주는 것이 좋다고 생각하는가?

일상(日常)의 기쁨

전문학습공동체로
문제해결

인간은 사회적 동물이며 집단적일 때 더 효과적일 수 있다. 그렇다면

왜 우리는 이 확실한 집단 관계망을 유용하게 사용하지 않을 필요가 있

는가?

앞 장에서 우리는 변화를 선도하는 열쇠는 결코 정책이나 프로그램이 아니라는 점을 논의했다. 그러나 이것은 다소 혼란스럽고 다루기 어려운 주장일 수 있다. 왜냐하면 문화와 사람의 변화를 촉진할 수 있는 새로운 법령과 프로그램이 계속 시행되고 있기 때문이다. 이 장에서 우리는 잘 알려진 전문학습공동체(Professional Learning Communities: PLC)를 살펴볼 것인데 그것이 옳은지 그른지(프로그램은 문제도 해결책도 아니기 때문에)의 관점에서가 아니라, 새로운 것을 구현할 때 문화와 사람들에게 어떤 일들이 일어나는가에 대한 이해를 돕기 위해 고찰하고자 한다.

전문학습공동체란?

학교장들이 학교문화의 개념을 잘 알 수 있도록 하기 위하여 우리는 문화를 보다 유용하게 이해할 수 있는 전략을 탐색한다. 인간은 사회적 동물이며 우리가 집단적일 때 더 효과적일 수 있다. 그렇다면 왜 우리는 이 확실한 집단관계망을 유용하게 사용하지 않을 필요가 있는가? 그리고 왜 규모가 큰 집단 내에 있는 보다 작은 집단들을 유용하게 활용하지 못하는 것일까? 사실 이것은 리더십의 도움 없이도 일어난다. 모든 학교에는 작은 집단들이 있고 일부 작은 집단에는 하위문화의 힘이 있다. 예컨대 우리는 부서, 학년, 팀, 계획 시간, 교실 위치, 학교의 자연 구분이나 구획과 같은 다른 요소를 생각할 수 있다. 이러한 구획(하위 요소)은 의도적인 노력의 결과일 수도 있고 그렇지 않을 수도 있다. 이 중에서 한 가지 의도적인 전략은 보다 소규모의 교사 집단을 만드는 것인데, 이를 전문학습공동체라 부른다.

PLC는 일반적으로 학생 집단, 학년 수준 또는 주제 영역을 공유하는 3~8명의 교사로 구성된다. 이 집단들은 정기적으로 만나 학생들의 성취와 관련된 다양한 주제를 갖고 토론한다. 이상적인 환경에서 이런 협력은 교사들이 성공과 도전을 공유하고, 아이디어를 교환하며, 어려움에 처한 학생들을 위한 새로운 지원이나 구조를 창출할 수 있는 장을 제공한다.

PLC가 효율성 면에서 학교마다 다르다는 점을 인식하는 것이 중요하다. 일반적으로 PLC는 보다 큰 학교문화의 특성을 반영하는 경향이 있다. PLC는 협력적인 문화를 갖고 있는 학교에서 가장 성공적으로 전개된다. 반대로 협력문화가 부족한 학교에서는 PLC가 상대적으로 비효과적일 수 있다. 그러나 때로는 PLC가 학교 관리자의 결정에 영향을 줄 정도로 강한 하위문화로 발전하기도 한다.

방 안에서 가장 똑똑한 사람

이 책의 앞부분에서 우리는 교육에서 유행하는 말을 살펴보았다. '방 안에서 가장 똑똑한 사람은 그 방이다.' 이것은 집단이 개인보다 더 똑똑하다는 것을 의미하며 최종 결과는 최선의 가능한 결정이 될 것이다. 완벽한 세계―또는 완벽하게 협업하는 상황―에서 이것은 사실일 수 있지만 불행하게도 실제 세계에서는 그렇지 않다. 때때로 지배적인 성격이나 강경한 목소리를 내는 성격의 소유자가 집단 결정을 좌지우지할 수 있다. 그래서 더 좋은 말은 '방 안에서 가장 똑똑한 사람은 그 방이 되어야 한다.'라고 말할 수 있다.

우리는 우리가 결정한 것이 가장 현명하다고 할 수 없는 상황에 처할 수 있다. 이러한 일은 해당 집단 또는 하위문화의 역동적 행동으로 인해 일어난다. 우리는 일반적으로 능력 있는 교사는 능력 있는 교사끼리 능력이 부족한 교사는 부족한 교사끼리 만나기를 좋아한다는 것을 기억해야 한다. 우리가 능력이 있는 집단이나 그렇지 않은 두 집단을 섞을 때, 우리는 체스가 아니라 주사위를 굴리고 있는 것이다. 그러나 목표는 항상 최종 결과가 학생들에게 최선의 결과인지 확인하는 것이다.

PLC는 개별 학생이 가능한 한 많이 성공하도록 하거나, 학생이 어려운 개념을 학습하는 효과적인 방법에 대해 브레인스토밍을 할 수 있다. PLC 일원들은 그들 자신을 위해 특정 아이디어를 공유하거나, 자신들이 가르치는 데 직면한 어려움을 공개적으로 나눌 수 있다. 이것은 PLC를 강력하게 만들 수 있는 일종의 환경이다. PLC는 한 사람의 지식이 모든 사람의 지식이 되게 한다. 그러나 앞서 말한 것처럼 모든 PLC가 동일하게 만들어지는 것은 아니다.

같은 학교 또는 다른 학교의 PLC는 정기적인 성토장이 될 수 있다. 그 모임은 일반적으로 원탁에서 관리자에 대한 불만 사항을 공유하는 것과 같다. 매사에 긍정적이지 않은 교사는 가장 도전적인 학생에 대해 불평할 수 있다. 우리는 (여기에서) 이런 교사를 케니(Kenny)라 부를 것이다. 최선의 시나리오는 일반적으로 브레인스토밍 세션을 통해 PLC에서 문제를 제기한 교사가 직면하고 있는 해결책을 마련하는 것이다. 아마도 이 부정적 선생님이 어떤 해결책을 듣게 된다면 그 선생님은 케니에게 새로운 시작을 하게 할 수 있다. 문제는 해결에 가까워지고, 이 선생님은 긍정적이고 낙관적인 어조로 다음 PLC 회의에 참석할 수 있다. 우리는 "할 수 있다."라고 말했다.

불행하게도 이 시나리오의 또 다른 가능한 결과는 교사가 그 아이디어가 효과가 없다고 하면서도 집단 전체의 분위기를 약화시킬 구실을 찾게 할 수 있다. 다른 사람들은 케니에 대해 불평하기 시작할 뿐만 아니라, 그들 자신의 '케니들(케니와 같은 여러 사람)'에 대해 성토하는 세션을 갖게 할 수 있다. 이때 PLC는 긍정적인 참여자에게는 좌절감의 원천이 되고 학교 공동체의 '전문 학습'이라는 측면에서 비생산적인 경험을 하게 할 수 있다.

이 논의는 PLC를 비판하려는 시도가 아니다. 우리의 목적은 단순히 PLC를 구성하면 문제가 해결될 것이라는 막연한 가정을 하는 학교리더들에 대한 우려를 공유하자는 것이다. 실제로 문제가 해결되면 하드웨어 매장에 가서 새로운 도구를 구입해야 한다. 기존 문화에 PLC가 없었더라면 PLC가 있는 것을 좋아하지 않을 수도 있다. 그 느낌은 교사들은 과거에 PLC가 없어도 잘 지내 왔다는 것일 수 있다.

PLC가 교사를 개선 발전시키고, 교사는 PLC를 향상 · 발전시킬 수 있는가?

여러분의 PLC가 실제로 문화의 긍정적인 한 부분이며 어떻게 차이를 만들고 있는지 알고 싶은가? 단순히 교사들에게 한 주 만나지 말자고 제안해 보라. 테스트, 공휴일 등 그 이유를 들어 보라. 그런 다음 누가 걱정하고, 누가 행복해 하고, 누가 불평하고, 누가 비밀리에 만나는지 확인해 보라. PLC가 학교문화의 일부라면, 혼란스러워서 어쨌든 만남을 이어 가는 많은 사람이 있다. 이제 더 깊은 테스트를 해 보라. 아직도 모이는 집단이 있다면 그것은 유용한가 아니면 반생산적인가? 이 PLC는 지원과 지지의 생명선으로 이어지고 있는가 반대로 불평을 통해 부정적인 에너지를 증가시키는 모임이 되고 있는가?

PLC는 잠재적으로 많은 학교 환경에서 생산적으로 사용되어 온 중요한 수단이다. PLC의 가치는 집단마다 크게 다를 수 있다. 어떤 집단은 PLC를 학교에서 가장 가치 있는 자원으로 간주하지만, 다른 집단은 그렇지 않을 수 있다. 일부 학교는 이러한 모임으로부터 어떤 혜택도 거두지 못한다. 그러나 앞서 언급했듯이 PLC는 문제점도 아니고 해결책도 아니다. PLC는 교사 간 가치 있고 열린 공유를 지원하고 허용하는 문화로 설계된 경우에 공동작업의 엄청난 자원이 되도록 설계되었다. 리더는 교직원에게 이 공동체 시간을 가장 효과적으로 활용하는 방법을 교육하기 위해 주의 깊은 결정을 해야 한다. 리더는 또한 각 집단의 맥박을 인식하고 교사가 PLC가 할 수 있는 것을 최대한 활용할 수 있도록 필요한 교육 및 지원을 제공해야 한다. PLC 협업적 모델에서 가장 이익을 얻을 수 있는 하나나 또는 두 개 정도의 집단으로 시작함으로써 학교는 같은 환경에서 다른 교사들을 위한 교육 근거로 사용할 수 있는 공유 의식을 개발할 수 있다. 다시 말해, 한 달에 한 번 회의는 두 집단이 함께 모이도록 할 수 있다.

최소 저항점을 찾고 작업하면 PLC와 같은 개념의 초기 실행을 크게 촉진할 수 있다. PLC가 구축되어 실제 가치를 입증할 수 있을 때 그 개념은 같은 학교의 다른 교사들에게 보다 쉽게 확산될 수 있다. PLC 모델이 모든 사람에게 강요되면 일부 집단은 실제로 이 개념에 반대할 수 있다.

요컨대 우리는 PLC가 '전문학습공동체'를 대표하고, '꽤 형편없는 개념' 또는 '개인 학습 클럽'을 의미하지 않도록 해야 한다. 이러한 구조는 문화가 협력을 허용하고 리더가 그 구조의 성공적인 실행에 분명한 의도를 가질 때 어떤 학교에서든 성공적인 협력이 될 수 있다.

가장 중요한 것: 리더십과 문화

이 절은 PLC에 관한 내용이지만 이 개념을 예제로 사용하여 모든 리더십과 문화가 어떻게 관련되는지를 보여 준다. 인접한 두 교실에서 자기주장 훈련과 프로젝트 기반 학습이 성공하거나 실패할 수 있는 것처럼, 거의 모든 프로그램이나 아이디어도 그렇게 성공할 수도 있고 실패할 수도 있다. 프로그램과 아이디어의 성공 또는 실패는 종종 학교 문화가 원래의 가치를 나타내는 지표보다 더 중요한 지표일 수 있다.

훌륭한 선생님의 교실에서는 거의 모든 '훈육 계획'이 잘 들어맞는다. 왜냐하면 그 선생님은 일반적으로 효과적이며, 그 '계획'이 그날의 주요 계획이기 때문이다. 덜 효과적인 선생님의 교실에서 같은 접근법이 효과가 없다면 일반적으로 기본 구조가 없기 때문이다. 교사가 자신을 관리하는 데 어려움을 겪기 때문에 학생 관리에 도움이 되는 것을 전혀 할 수 없다.

언제든지 변화를 시도할 때마다 조직문화에 도전해야 한다는 것을 기억하라. 결과는 긍정적일 수도 있고 부정적일 수도 있지만 문화적 관점에서 보면 우리가 어디에 있는지를 알려 준다. 그것은 우리에게 "변화는 필연적이다. 그러나 성장은 선택 사항이다."라는 옛말을 연상하게 한다. 학교 개선은 끝없는 여정이고 우리 모두가 기꺼이 받아들여야만 한다.

여기에 다음 PLC 회의에 활용할 수 있는 활동이 있다. PLC 집단에게 다음 질문을 해 보고, (1) 회의 중에 발생할 수 있는 일과 (2) PLC가 경험에서 벗어날 수 있는 것이 무엇인지 생각해 보라.

- 우수 학생에게 회의에 참석하여 잘 돌아가고 있는 것과 그렇지 않은 것에 대해 물어보라.
- 대부분의 교사가 어려워하는 학생에게 회의에 참석하도록 요청하여 그에게 학교에서 잘 돌아가고 있는 것과 그렇지 않은 것에 대해 물어보라.
- 학부모, 요리사, 버스 기사 또는 교육장에게 회의 참석을 요청하라. 회의 도중에 어떤 사람이 다르게 행동하는가?
- PLC 구성원에게 학교에서 가장 심각한 문제점 세 가지를 나열하게 하고 그 사람들이 같은 학교에 있다면 같은 것을 나열했을지 확인하기 위해 목록을 비교해 보라.
- PLC 일원에게 공동체 구축에 가장 효과적인 교사 3명을 적어 보라고 요청하라.
- 여러분의 학교에서 일하는 것을 고려하고 있는 새로운 교사를 초청하여 그 사람이 대부분의 이야기를 하도록 하라.
- 참석자 개인에게 이번 주 또는 금년에 자신의 경력 중 가장 훌륭한 업적을 거둔 이야기를 하도록 하라.
- 밖에 나가서 운동장을 거닐어라.
- 이 책, 이 장을 시작으로 하여 관련된 책을 공부하라.
- 다른 교직원들이 모르는 교실에서 일어났던 가장 당혹스럽던 일에 대해 토론하라.

PLC가 계획된 바의 효험을 거두기 원한다면 우리는 이러한 활동의 대부분을 수행하고 더 강해져야 한다. 누군가가 더 좋고 더 강하다고 느끼는 PLC 모임에 나오지 않는다면 왜 우리는 PLC를 가지고 있는가? 묻고 싶을 것이다.

///////

다음 장에서 우리는 몇 년 동안 연구해 온 질문에 대하여 생각해 볼 것이다. 그것은 의사결정을 계량화할 수 있는지 여부이다. 지나치게 희망을 가질 필요는 없다. 우리는 의사결정을 계량화하라고 강요하지는 않지만, 명료함을 위해 숫자를 사용하는 것은 문화와 변화의 역동성을 이해하는 하나의 방법이다.

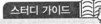
스터디 가이드

1. 작은 집단과 전문학습공동체의 차이를 설명하시오.

2. 방 안에 있는 가장 똑똑한 사람을 정하자. 그 사람이 기반을 두고 있는 것이 지능인가 아니면 경험인가?

3. 모든 회의가 1주일간 취소된다면 학교에서는 어떤 일이 발생하겠는가?

4. 각 교원에게 학교에서 가장 중요한 세 가지 문제의 목록을 작성하도록 요청해 보라. 목록을 비교하여 모든 사람이 같은 학교에 있는지 확인하고 가장 일반적인 문제를 해결하는 방법을 생각해 보라.

가장 중요한 것: 리더십과 문화

CHAPTER
11

·

리더십
계량화(LBN)

사건의 규모, 시기 및 근접성은 문화에 영향을 준다.

문화의 개념은 매우 이해하기 어려운 것이라서 문화 이
해하기는 도전적인 일이다. 그러나 문화의 개념을 양
적인 방식으로 보는 것은 문화가 제공하는 기회에 대한 이해를 촉
진하며 조직변화의 과정을 설명하는 새로운 방식을 제공하는 데
도움이 될 수 있다. 이 장에서는 문제를 해결하기 위해 사람들을
돕고 문화의 능력을 개선하는 것과 관련된 리더십을 구상하는 한
가지 새로운 방법을 소개하고자 한다.

리더십은 수세기는 아니더라도 수십 년 동안 철학적 논쟁거리
가 되어 온 개념이다. 리더십이 인간의 행동에 어떻게 영향을 미치
는지 이해하는 데 많은 이론이 도움이 된다고 본다. 그중 '리더십
계량화(Leadership by the Numbers: LBN)'는 사람들이 수학의 활용
을 통해 리더십을 이해하도록 돕는다. 여러분 중 일부는 수학 때문
에 지금 당장 책 읽기를 멈출 수도 있다. 그러나 우리는 다음 한 단
락을 더 읽기를 권한다.

리히터 척도(역주: 지진의 규모를 정량적으로 표시하는 데 널리 사용
되는 방법. 미국의 리히터와 구텐베르크가 남부 캘리포니아에서 발생한
지진의 규모를 측정하기 위해 고안했다. 규모란 지진 자체의 크기를 정
량적으로 나타내는 양이다.)를 사용하기 전에는 지진이 얼마나 파괴
적이었는지를 설명하고자 할 때 우리는 단지 말로 그 규모를 설명

하고 이야기하면 되었다. 이제 규모 '7.2'라고 말할 때 우리는 어느 정도의 지진이 발생했는지 짐작할 수 있다. 마찬가지로 토네이도 는 후지타 규모(Fujita scale)로 측정되며 허리케인에도 그 규모를 재는 단위가 있다. 숫자는 결코 우리에게 모든 것을 말해 주지는 못하지만 무엇을 비교할 때는 신뢰성의 정도를 나타내 준다. LBN 은 사건에 대해 토론하고 비교할 수 있는 새로운 언어를 제공하 며, 또한 문화에 변화가 생기면 리더십 행동에 어떤 영향을 미치 는지 알려 준다. 우리는 이 독특한 리더십 접근법을 더 자세히 설 명하기 위해, 조직문화의 개념을 보다 잘 이해할 수 있도록 하기 위해 LBN을 사용할 것이다.

LBN: 문화의 변화

조직문화는 다양한 강점을 가지고 있다. 집단의 응집력, 충성도 및 헌신도를 나타내는 정도에 따라 그 강도를 결정한다. 강한 문화 는 높은 수준의 응집력을 가진다. 약한 문화는 높은 충성도를 나 타내지 못할 것이다. 강력한 문화는 변화하기가 더 어렵다. 이 이 론(LBN)의 목적에서 보면, 문화적 힘은 1에서 10까지의 범위에 있 으며, 10이 가장 강한 문화이다. 결코 '아니요' 수준의 문화가 없기 때문에 0이 없다.

문화 또는 문화의 상당 부분을 변경하려면 사건(E)이 발생해야 한다. 문화는 태도가 아닌 사건에 의해 변화된다. 태도(만족, 효능,

사기 같은 것들을 포함)는 사건이 문화에 의해 어떻게 다루어지는가의 부산물이다. 따라서 변화를 위한 수단으로 사용될 수 없다. 경험은 문화를 바꾼다. 사건의 규모, 시기 및 근접성은 문화에 미치는 영향을 결정한다. 큰 규모의 사건은 약한 사건보다 문화를 더 쉽게 바꿀 것이다. 사건의 크기는 1에서 20의 척도에 위치할 수 있으며, 20은 가장 강한 것을 나타낸다. 어떤 사건도 문화가 없는 상태를 만들거나 문화가 완전히 사라지게 할 수 없다.

이 설명은 여러분에게 조금 혼동을 줄 것이다. 다음의 가설으로 문화가 어떻게 변하는지를 설명하도록 한다.

- 문화 및 관련 활동은 지속되는 경향이 있다.
- 새로운 사건의 규모가 약하면 문화가 지속된다.
- 새로운 사건의 규모가 크면 문화가 바뀐다.

현재의 문화(Ca)와 다음의 문화(Cb)는 모두 문화적 힘을 나타내는 1에서 10의 범위 내에서 존재할 것이며, 10이 가장 강한 것이다 ([그림 11–1] 참조). Ca10은 Cb10에서 20포인트 떨어져 있다. Ca1은 Cb1에서 1포인트 떨어져 있다. [그림 11–1]에서 두 개의 문화(각 하나는 괄호로 표시)가 강도 수준으로 나란히 놓여 있다.

문화를 바꾸기 위해서는 척도의 Ca 부분에서 Cb 부분으로 이동하기에 충분한 크기 및 근접성(로컬 연결)을 갖는 이벤트(E[1–20])를 도입해야 한다. 모든 이벤트가 문화를 테스트할 것이다. 어떤 사람들은 그것을 강화시키고 어떤 사람들은 다른 문화로 나아가

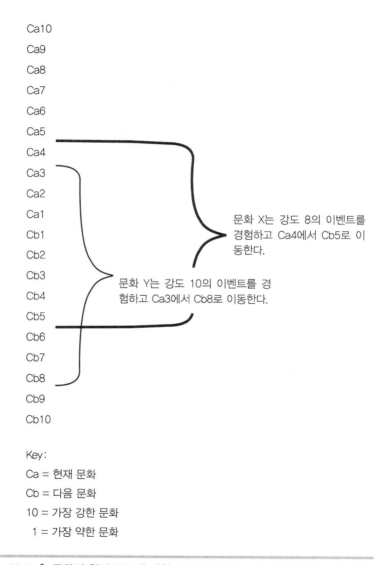

Ca10

Ca9

Ca8

Ca7

Ca6

Ca5

Ca4

Ca3

Ca2

Ca1

Cb1

Cb2

Cb3

문화 Y는 강도 10의 이벤트를 경험하고 Ca3에서 Cb8로 이동한다.

Cb4

Cb5

Cb6

Cb7

Cb8

Cb9

Cb10

문화 X는 강도 8의 이벤트를 경험하고 Ca4에서 Cb5로 이동한다.

Key:

Ca = 현재 문화

Cb = 다음 문화

10 = 가장 강한 문화

1 = 가장 약한 문화

[그림 11-1] 문화의 힘의 규모에 대한 두 문화 사례

기 위해 필요한 개발을 약화시킨다. Ca1에서 Cb1로 이동하면 많은 사건(크기 1)이 필요하지 않다. 그러나 Ca5에서 Cb5로 이동하는 경우 압축된 시간 프레임 내에서 발생하는 중요한 사건(크기 10) 또는 덜 중요한 여러 개의 사건(총 크기 10)이 필요하다. 따라서 문화를 변화시킬 수 있는 사건의 규모일 뿐만 아니라 이 사건(또는 여러 사건)이 발생하는 시간 틀도 있다. 보다 짧은 시간 내에 많은 사건이 발생하면 같은 사건이 몇 주 또는 몇 달 동안 발생하는 것보다 문화가 더 쉽게 바뀐다. 몇몇 작은 사건들은 더 짧은 시간 내에 지속되거나 발생한다면 큰 사건의 힘을 가질 수 있다.

보다 짧은 시간 프레임은 유효 기간이 있는 사건임을 나타낸다. 사건들 사이에 너무 많은 시간이 경과할 때 사건의 영향은 사그러질 것이다. 임계치에 도달하기 위해서는 시간 압축(T) 및 근접(P)이 필요하다. 먼 곳에서 낮은 빈도와 낮은 수준으로 새로운 활동을 경험하기 위해 지역 문화를 변화시키지 않는다.

근접성이 필요하다는 생각은 그 지역 사회에 영향을 줄 수도 있고 주지 않을 수도 있는 다른 지역에서 어떤 사건이 일어날 수 있음을 암시한다. 근접성이란 사람들에게 현재의 시스템이 생존을 위한 효과적인 기제인지 의문시할 정도로 정서적 반응을 유발하는 어떤 것이다. 토네이도가 지역 학교를 파괴하면 지역사회는 많은 영향을 받는다. 토네이도가 800킬로미터나 떨어진 학교를 파괴하면 지역 공동체는 같은 수준의 영향을 느끼지 못할 것이다. 따라서 사건의 근접성은 지역과 연결을 말해 준다.

문화를 변화시키기 위해서는 (1) 현재의 문화의 강도(Ca), (2) 주

179

어진 시간 프레임(T), (3) 어떤 사건(E)이 가능한지, 근접성(P), 그리고 (4) 다음 다른 문화권(Cb)이 변화를 채택하고 다음 변화에 내성이 강해질 필요가 얼마나 있는지를 결정해야 한다. 이 변수 중 일부를 더 자세히 살펴보겠다.

우리가 설명한 바와 같이, 문화적 힘은 1에서 10까지의 척도로 측정된다. 특정한 힘의 측면에서 1의 강도는 구성원들이 분리되어 있어 어떤 관련도 맺지 않는 분열된 문화를 나타낸다. 다른 한편으로 10의 강도는 개인의 정체성을 버리고 모든 자원을 집단의 이익을 위해 포기하는지를 나타낸다. 예컨대 학교에서 구성원들이 서로 가족이라는 느낌을 갖는 것은 8점으로 평가된다.

앞서 언급했듯이 사건은 근접성뿐만 아니라 1~20의 척도로도 측정할 수 있다. 척도에서 눈을 굴리는 것과 같은 사건은 1이고, 세상 끝은 20이다. 사건은 사람이 만들거나 자연적으로 발생한다. 역사상 특정 사건이 어떤 국가나 지역의 문화에 영향을 미쳤거나 또는 그렇지 않았던 이유와 방법에 대해 토론할 수 있을 것이다. 어떤 특별한 사건들이 우리 삶의 방식을 바꾸었는가? 어떤 운동하는 물체가 떨어지는데 영구한 시간을 갖는가? 포도나무에서 무엇이 죽었는가? 다음 예들을 생각해 보라.

- 시민권
- 테러리즘
- 스푸트니크 충격
- 9·11 테러

- 로큰롤 음악
- 인지코칭

리더로서 문화를 향상시키기 위해 사건을 이용할 수 있다는 점을 지적하라. 변경 효과는 집단이 변경을 경험할 때 발생하는 현상이다. 불확실한 기간 동안에는 변화가 적게 감지될 것이다. 최근 첫 번째 파업(변화)의 충격값은 추가적인 사소한 변화로 위장할 것이다. 따라서 더 큰 변화가 일어났을 때가 집단에 작은 변화를 가져오는 가장 좋은 시기일 것이다. 사람들이 숨을 들이마시고 회복의 상태에 들어가기 때문에 주변에서 일어날 수 있는 사소한 변화를 모르거나 무관심하게 여긴다.

문화 이해의 언어

우리는 학교문화 전체를 바꾸는 것을 원하지는 않지만 유용하지 않아 바꿔야 할 일부 문화를 알고 있다. 종종 학교문화의 변화는 집단이 어떻게 문제를 해결하는지에 있다. 문화는 문제를 해결하기 위한 프레임워크를 제공한다. 따라서 우리가 앞에서 말했듯이 문화는 해결해야 할 문제가 아니다(참여, 가르침, 통합 또는 다양성 등은 개념이 아니라 문제해결에 사용되는 방법 장치이다). 문화는 우리가 생존하는 데 사용하는 도구이다. 컴퓨터와 마찬가지로 문화는 인간의 기술에 해당된다. PLC는 공동 작업을 쉽게 하기 위한 도구이다. PLC는 협력문화가 아니며, 협력문화가 있도록 보장해 주지도 않는다.

LBN은 학교장에게 감정이나 본능에 의존하기보다는 문화를 더 정확하게 연구하고 문화적 규범에 반응할 수 있는 언어를 제공한다. [그림 11-2]는 이 아이디어를 명확히 하는 데 도움이 된다(8을 넘는 강도 수준을 보여 주거나, 10을 넘는 사건을 보여 주는 학교는 매우 드물며 LBN에 비추어 볼 때 유용하지도 않다. 하지만 전체 규모를 시각적으로 보여 줄 필요가 있다.). 그래서 이 장을 읽을 필요가 있다. 학교문화를 바꿀 목적으로 음영으로 표시된 부분은 학교장들과 가장 관련이 있다. 문화적 변화에 필요한 조건을 만들기 위해서는 특정 기간 내에 적절한 사건이 발생해야 한다. 이 음영 처리된 영역을 벗어나면 관리하기 어려운 불균형 수준이 생길 수 있다. 많은 불확실성과 스트레스로 인해 어리석은 사람을 한발 더 앞서가게 하고 리더가 되어야 한다고 주장한다. E10의 범위를 벗어나는 임의의 단일 사건은 현재 시스템의 무결성을 유지하는 것 이상의 지점으로 집단을 불안정하게 만들 수 있다. [그림 11-2]는 다양한 가능성을 보여 준다.

고려해야 할 몇 가지 추가 사항은 다음과 같다.

- Ca5는 직선거리보다 Cb5(지름길)에 더 가까운가? 우리는 오히려 아무것도 걱정하지 않는 사람들보다 잘못된 것에 관심이 있는 사람들과 함께 일하게 된다. Ca5는 잘못된 것들을 돌보는 문화일 수 있다.

182

	E1	E2	E3	E4	E5	E6	E7	E8	E9	E10	E11	E12
Ca10												
Ca9												
Ca8												
Ca7												
Ca6												
Ca5												
Ca4												
Ca3												
Ca2												
Ca1												
Cb1												
Cb2												
Cb3												
Cb4												
Cb5												
Cb6												
Cb7												
Cb8												
Cb9												
Cb10												

Key: Ca=현재 문화, Cb=다음 문화, E=사건, 1=가장 약한 문화, 10=가장 강한 문화

[그림 11-2] 문화의 힘과 사건 강도를 위한 가능성 범위

- 부정적인 장소이든 긍정적인 장소이든 상관없이 문화에 대하여 헌신하기에 편안한 수준은 어느 정도인가? 일반적으로 그 수준은 가정의 편안한 정도일 것이다.
- 어떤 사람들은 약하거나 강한 문화에서 어떻게 살아야 할지 모를 수 있는가?

리더십의 다른 측면에 LBN 적용하기

우리는 이 장의 마지막 몇 페이지가 여러분이 내일 당장 무엇을 해야 필요가 있는 내용과 별로 상관 없는 이야기로 가득 차 있다고 느낄 것이라 생각한다. 그러나 LBN은 단순히 리더십을 보는 새로운 방법일 뿐이다. 우리는 모든 것에 숫자를 매기고 그 숫자들을 어떻게 비교하는지를 보았다. 다시 말해, 사건의 힘이 리더십 스타일을 바꾸어 문화가 반응하거나 변화를 갖게 하는가? 우리는 이 모든 것을 유용하게 만들려고 노력하겠지만 잠깐만이라도 다시 추상으로 돌아갈 필요가 있다.

우리는 직면하는 삶의 여러 가지 일에 대해 특정 태도를 취한다(예: 고속도로의 펑크 난 타이어, 밤의 뇌우, 식료품점에 선 긴 줄, 월요일 아침). 우리의 태도는 일반적으로 행동(예: 웃고, 울고, 눈을 뜨고, 저주하는)을 통해 분명해진다. 성격은 우리가 표현할 수 있는 태도의 범위를 제한할 수는 있지만 태도에 영향을 미치는 변수는 여러가지가 있다. 태도와 행동은 여러분이 특정한 방식으로 느껴지도록 선택하는 것이며 일찍부터 성장하면서 배운 것이다. 펑크 난 타이어를 경험할 때 화를 낸다면 그것은 인생에서 존경했던 누군가에게서 배워서 똑같이 하는 것이다.

직장, 가정생활, 취미, 종교, 교통 등 삶의 주제 중 하나를 상상해 보라. 가장 긍정적인 태도(A 10)에서 가장 부정적 태도(A −10)까지의 범위에 있을 수도 있다. 여러분이 운전을 할 때 골프나 낚시를 하는 것과는 얼마나 다른 모습으로 태도가 변하는가? 또는 교회와 직장에서의 태도를 비교해 보라.

이러한 상황에서 여러분의 전형적인 범위는 어디서부터 어디까지인가? 각각의 한계가 존재할 가능성이 있는가? 각 상황에는 당신이 향상시킬 제한된 (개발하지 못한) 역량을 갖고 있으면서도 한편으로는 감소시켜야 할 무한한 역량을 가지고 있음을 의미하는, 최대한계가 존재할 가능성이 있는가? 여러분이 익숙해진 각 상황에 대한 수치는 있는가? 개선되거나 감소하면 불편을 느낄 수 있는가? 여러분의 친구가 되거나, 함께 일하거나, 같이 독서를 하거나, 지켜보기로 선택한 사람들이 이 길이와 거리(가상 또는 실제 세계에서)의 얼마를 결정하는가? 여러분은 A 7에 있거나 A 2 주변에서 살 수 있는가?

태도의 범위를 보여 주는 [그림 11−3]은 [그림 11−1]과 비슷한가? 아마도 그것은 우연의 일치일 것이다. 여러분이 지금 어디에 있든지, 누구와 함께 있든지 학교문화와 마찬가지로 미래에 함께 있을 수 있는 그 사람과의 길이를 측정하고 또 길이를 비교할 수 있을지 모른다. 적어도 LBN 이론에서는 가능하다고 믿는다. 사람이 긍정적인 태도를 표시할 수 있는 범위는 제한적이다. 그러나 부정적인 태도에는 한계가 없다. 범위는 성격과 환경에 의해 결정된다. 그림에서와 같이 음수 범위에서 음수 범위(A −6에서 A −5)로 건너뛰면 쉽게 발생하기 어렵다. 또한 강력한 리더십이 없다면 부정적인 범위로 미끄러져 나가는 것이 더 쉽다고 생각한다. 아무것도 하지 않으면 사람들이 더 좋아지기 어렵다.

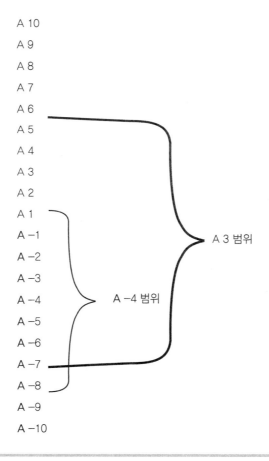

[그림 11-3] 태도의 범위

요약

　'리더십 계량화'는 리더가 수학을 사용하여 리더십 행동과 의사 결정을 반영하는 방법이다. 다가오는 기상 소식을 통해 '카테고리 5 허리케인'이라고 수치를 알려 주는 예보는 사람들이 큰 폭풍우가 올 것이라고 말로 하는 것보다 더 적절하게 행동하도록 할 수 있다. 이러한 규모로 인해 필요한 사건을 파악할 수 있으므로 너무 적게, 많이, 늦게 함으로써 야기되는 문제를 예방할 수 있다. 리더로서의 역량, 조직의 힘 및 조직에서 경험하는 사건의 규모는 척도와 계기에 따라 결정된다. 이 척도로부터 나오는 정보는 작업을 보기 위한 독창적인 렌즈를 제공해 준다. 일단 LBN을 이해하면 여러분의 학교는 2.5에서 3.7로 나아가야 한다고 말하는 것이 여러분 학교는 개선할 필요성이 있다고 말로 진술하는 것보다 훨씬 더 의미가 있게 다가온다.

　이와 같은 개념을 사람들과 문화 간의 상호 작용에 적용하는 것도 유익할 수 있다. 1장에서 우리는 교사풍토와 학생풍토 사이의 관계에 대해서 이야기했고 또 이들 두 풍토 중 어느 한쪽의 풍토가 상하로 움직이는 데 따라 다른 쪽 풍토가 어떻게 조정하게 하는지에 대하여 이야기했다.

　이와 같은 하위풍토 간의 관계는 문화와 사람들 간의 관계에도 적용된다. 우리가 문화와 사람들 간의 관계를 계량적으로 생각할 때, 재능 있는 직원을 추가하고 동시에 기존 직원의 능력을 향상시

요약

키면 본질적으로 문화의 질이 개선된다고 볼 수 있다. 문화를 개선하면 본질적으로 직원의 능력이 신장된다. 조직 내 사람들의 합은 문화와 동일하며, 문화는 구성원의 성장을 돕는 조직의 능력에 영향을 미친다. 또한 집단에 가입하려는 사람들의 재능 유형도 결정하게 된다. 활동이 다채롭고 긍정적인 집단은 그런 사람들을 끌어들여 그러한 특성을 지닌 사람들을 추가할 때 그러한 문화가 뒤따라 나타날 가능성이 높다. 그리고 그 반대도 마찬가지이다. 부정적인 사람들은 다른 부정적인 사람들 주위에서 편안함을 느낀다. 그렇기 때문에 리더들은 문화를 긍정적인 방향으로 움직이는 것을 돕기 위해 자신의 재능을 개발하고 성장시키며 이끄는 것이 필수적이다.

리더가 학교에서 다양한 사건에 직면할 때 모든 것을 숫자로 환원하고 수학으로 문제를 해결할 수 있는가? 이것은 우리가 결정할 문제가 아니다. 오히려 LBN은 단순히 리더십을 바라보고 우리가 배운 것 이상으로 생각을 확장할 수 있는 새로운 방법일 뿐이다.

이 장에서 여러분에게 혼동을 주었다면 사과드린다. 그러나 우리가 여러분을 흥미롭게 하고 리더십에 대한 생각에 도전감을 심어 주었다면 우리는 계속해서 이를 밀고 나아갈 것이다. 이러한 사고와 생각을 구성하는 또 다른 방법은 거꾸로 바라보는 것이다. 학교나 전 세계에서 사람들이나 문화가 바뀌는 중요한 사건이 있었는가? 이 효과가 있었지만 일어날 수 있는 사건이 있었다면 리더십이 그것들을 이용하지 않았는가? 다수의 새로운 교사와 직원이 추가된 해가 있는가? 이 새로운 사람들이 보호받고 학교가 크게 개선되도록 하위문화를 구성할 수 있는지 확인했는가? 아니면 새로운 직원이 개별 부서와 학년으로 나뉘어 성장과 변화의 기회를 최소화했는가?

이 장에서 나온 개념들은 모든 것을 본질적으로 임상분석해야 하고 학교를 이끌 최고의 적임자가 다 양자 물리학 교수이어야 한다고 말하려는 의도는 아니었다. 대신 기회가 발생했을 때 기회를 살펴보고 조직에 가장 큰 이익을 제공하며 문화적 성장을 지원하는 방식으로 활용하도록 다른 렌즈를 제공하기 위한 것이다. 이러한 가능성을 인식하지 못하면 우리는 그저 거대한 사건이 우연히 잘 지나가기만 바라며 생존하는 것과 같다. 마치 태풍의 눈 속으로 빨려 들어가면서 아무 일 없기를 바라는 것과 같이 말이다. 그러나 우리가 적절한 이해를 한다면 이 사건들은 실제로 문화에서 빠르고도 거대한 운동을 자극하는 기회가 될 수 있다.

///////

다음 장에서는 앞서 소개한 개념, 즉 풍토와 문화의 차이점에 대하여 다시 살펴본다. 보다 구체적으로 풍토와 문화 사이의 간격이 실제로 어떻게 유용한 공간이 될 수 있는지에 대하여 살펴보고, 또 문화를 변화시키기 위한 노력에서 풍토가 어떻게 지렛대로 작동할 수 있는지에 대하여 검토한다.

1. 최근에 어떤 사건, 사건(지역, 주, 전국)이 학교에 영향을 주었는가? 학교 공동체에 영향을 미쳐야 했거나, 미치지 않은 사건이 있었는가?

2. 여러분의 학교는 가정과 같은가? 아니면 같은 집에서 일하는 하청 업체 와 더 가까운가?

3. 문화가 얼마나 강하며 ([그림 11–1]의 척도에서) 어떤 종류의 사건, 사건 이 그것을 움직이도록 하는가?

CHAPTER
12

새로운
조직습관 개발

누군가 전통적인 규범을 뛰어넘을 때 새로운 아이디어에 대한 저항과

수용 사이에 간격이 생긴다.

앞에서 우리는 조직 문화와 조직 풍토가 동일한 것이 아니라는 것을 강조했다. 「학교문화 활성화」의 내용을 간단히 요약하기 위해 한 개의 장을 할애하기로 한다. 여기서 이 책의 주장을 계속하려는 것이 아니라 여러분이 동의한다는 것을 전제로하고, 학교리더들에게 그 주장이 무엇을 의미하는지를 설명하려는 것이다. 문화와 풍토가 같은 것이 아니라면 어떻게 이 둘을 연결할 것인가의 문제는 탐구할 만한 가치가 있는 아이디어다. 문화와 풍토가 같은 것이 아니라면 그들 사이의 간격(gap, 차이)은 어떠한가? 그 둘의 차이는 무엇인가? 이 차이에 대해 알아야 할 것이 있는가? 풍토의 변화가 문화를 변화시킬 수 있는가?

태도, 개성, 성향

우리는 풍토에 대한 비유로 '태도'라는 용어를 사용하고, 문화에 대한 비유로 '개성'이라는 말을 사용했다. 사람에 대하여 생각해 볼 때 태도와 개성 사이의 간격은 하나의 성향으로 확인될 수 있다. 우리의 성향은 주어진 상황에서 우리가 행동하는 경향이다. 학교의 경우 성향의 구성은 수행하는 의식, 즉 조직의 경향이나 습관으로 확인될 수 있다. 우리는 문화의 다양한 요소를 사용하여 우리가 가진 문화의 유형을 식별하고, 이러한 요소를 새로운 문화를 형성하는 지렛대의 작용점으로 사용한다. 따라서 문화의 변화는 풍토의 변화로부터 시작하는데 그것은 일상이나 의식이 변화함으로써 이루어질 수 있다.

혼동되는가? 이것을 이해하는 것이 중요하기 때문에 함께 생각해 보기로 한다. 풍토는 문화의 지렛대의 작용점이 될 수 있다.

다시 말해, 문화는 우리의 가치와 신념으로 구성된다. 풍토는 우리가 현재 어떻게 느끼고 있는가에 해당된다. 우리는 보통 우리가 어떻게 느끼는지를 선택하지 않는다(Brown, 2015). 풍토는 우리가 어울리려고 (적합해지려고) 노력할 때 알게 되는 그 무엇이다. 우리의 성향은 특정한 상황에서 우리가 어떻게 느끼는 경향이다. 다음 은유를 생각해 보라. 음식점의 메뉴는 그 식당의 분위기에 어울리는 품목만 제공한다. 우리는 그것을 식당의 성격이라고 부른다. 그 메뉴(개성)에서 우리는 제한된 선택 세트에서 선택을 할 것이다. 스테이크 식당에서 핫도그를 주문할 수 없으며 이탈리안 식당에서 타코라는 멕시코 음식을 주문할 수 없다. 우리가 실제로 그날에 주문하는 것을 풍토라고 부를 것이다(역주: 풍토는 시간적으로 단기간에 형성된다). 그것은 현재 일어나고 있는 일이다. 메뉴에서 제한된 선택을 하는 것이다. 우리 친구들은 주문하려는 경향, 즉 우리의 성향을 알게 된다. 만일 우리가 새로운 음식을 주문하려고 하면 우리의 새로운 생각(주문)을 철회하게 만들 수 있는 반응을 보인다. "너, 전에는 그 음식을 주문하지 않았잖아."라고.

194

처음으로 변화를 시도할 때 어떤 일이 일어나는지 생각해 보라. 본래 심술궂은 사람들과 일하다 보면 당신이 웃기라도 하면 그들은 깜짝 놀라는 반응을 보이기도 한다. "너는 뭐가 그렇게 행복해?"라는 즉각적인 반응(공격)이 나올 수 있다. 그때 그들은 당신이 일시적으로 웃기를 바란다. 그러나 그들의 심술은 자기들이 정상적이라고 생각하면서 당신의 기분을 다운시키려고 한다. 문화에 반하는 접근을 일관되게 하는 사람들을 심지어 외부인(이상한 사람)으로 꼬리표 붙이기까지 할 수 있다. "쟤는 늘 행복해" 또는 "아주 범생이가 돼가는구먼" 같은 달갑지 않은 비난을 하면서 어떤 사람을 자기들 조직에 속하지 못하는 사람으로 취급하기도 한다.

어울리기를 원하는 욕구는 사람들이 자신과 비슷한 다른 사람들과 연합하는 한 가지 이유이다. 여러분이 항상 부정적이라면 여러분은 같은 생각을 가진 동료들을 정상적(그리고 검증된)이라고 느낄 것이기 때문에 긍정적인 사람들과 어울리지 않는다. 변화의 관점에서 이것이 의미하는 바는 사람들이 자신의 태도를 바꾸려고 시도할 때에는 동료집단도 변화시킬 필요가 있다는 것이다. 풍토는 우리가 어떻게 느끼는가에 관한 것이라는 것을 기억하자. 문화는 우리가 어떻게 느껴야만 하는지를 말해 준다. 변화하고 있는 문화에 머무르려면 문화의 기대에 연합하기 위해 느끼는 방식을 변경해야 한다. 그렇지 않으면 문화에서 떠나게 될지 모른다. 다시 말해 학교 환경에서 당신은 학교를 그만두거나 학교에 머물면서 자신만의 파당을 구축하게 될 것이다.

이 상황은 우리 삶에서 여러 번 일어날 수 있다. 예를 들어, 같은 친구들과 함께 초등학교와 중학교를 다닐 수는 있지만, 마약을 하거나 술을 마시기 시작하면 그 행동으로 집단이 나뉠 수 있다. 이것은 심지어 우리가 이전의 친구들을 어떤 측면에서 (친구로) 선택하기로 결정하느냐에 따라 '괴팍한' 또는 '위험한' 것으로 언급할 수도 있다. 스포츠 팀, 응원 및 기타 과외 활동 등 또한 분류 및 선별을 유발할 수 있다. 고등학교를 졸업한 후에 우리는 그런 '나누기'가 끝났다고 생각할 수도 있지만, 불행하게도 그것은 인생 여정의 일부이다. 우리가 이 문제를 잘 처리해 갈 수는 있더라도 개인적 혹은 직업적 상황에서 우리가 직면하게 되는 것이다.

학교는 문서화되지 않은 규칙에 의해 운영되기도 한다. 각 학교에는 미리 결정된 반응 매뉴얼이 있다. 각 학교마다 성향이 있다. 성향은 특정 상황이 일어날 때 기대할 수 있는 것이다. 각 학교는 그날 풍토(메뉴에서 주문할 품목)를 선택한다.

그렇다면 어떻게 해야 할까? 문화와 풍토 사이에 간격 공간이 있고, 이 공간이 성향의 개념과 같다면 새로운 학교 문화를 창출하고자 하는 사람들이 어떤 의미를 부여해야 하는가?

의식과 관습을 지렛대의 작용점으로 활용하기

성향은 일단(一團)의 습관이다. 조직 습관은 의식과 관습으로 이루어진다. 〈표 12-1〉은 풍토와 문화의 차이점을 설명하는 차트를 보여 준다. 그리고 다음 목록은 학교의 풍토와 문화에 긍정적인 영향을 줄 수 있는 지렛대의 작용점을 나타내는 의식 및 루틴 (routine)에 대한 아이디어이다.

- 회의 참석자들의 기분을 좋게 할 수 있도록 회의에 도넛을 가져다 놓기
- 미소로 사람들에게 인사하는 것을 다른 사람도 따라 하도록 하기
- 예측 가능한 하향식 요구를 발표하지 않는 집단 차원의 의사 결정하기
- 이달의 직원을 위한 특별한 교직원/직원의 주차 장소 발표하기
- 새로운 친구의 능력을 유발하기 위해 교직원 회의에서 무작위로 좌석 할당하기
- 건물 전체에서 학생의 일에 집중하고, 게시하고, 축하할 수 있는 포인트를 만들기
- 우리가 일하는 방식과 관련하여 현지 '속도 제한' 조정하기
- 학습 및 배움의 집중성을 나타내고 배움을 보여 줄 수 있는 기회로 삼는 그런 시험을 환영하고 축하하기
- 일상적인 학교생활에 위기 유발하기
- 다른 사람들이 우리에게 하는 것은 우리가 가장 중요하다고 생각하는 것이기 때문에 긍정적인 역할 모델 되기

〈표 12-1〉 학교풍토와 학교문화의 차이

학교문화는……	학교풍토는……
집단의 개성이다.	집단의 태도이다.
월요일에는 특히 우울하다는 감정을 인정한다.	월요일에서 금요일, 2월에서 5월은 각각 다르다.
제한된 방식으로 사고한다.	마음의 상태를 창조한다.
변화하는 데 여러 해가 걸린다.	변화가 유연하고 쉽게 일어난다.
가치와 신념에 기반한다.	지각에 기반한다.
느낄 수 없다. 심지어는 집단 구성원에 의해서도.	여러분이 방에 들어가면 느낄 수 있다.
우리의 일부이다.	우리를 둘러싸고 있다.
우리가 뭔가를 하는 방식이다.	우리가 느끼는 방식이다.
동맹과 적을 가진다.	상황에 대한 집단 반응이다.
개선이 가능한지를 결정한다.	긍정적인 변화가 있을 때 개선될 수 있는 첫 번째 것이다.
여러분의 머릿속에 있다.	여러분의 머릿속에 있다.

일시적인 변화(풍토)에서 영구적인 상태(문화)로 변하는 지점이 문화를 실천하고 있는 사람들에게는 분명하지 않다는 것을 기억하라. 그러나 우리가 월요일에 대해 우호적이거나 축하하게 되는 것처럼 일시적인 변화를 일으키면 이전 행동으로 되돌아가지 않는다. 새로운 행동은 문화의 일부가 된다. 우리는 단지 시작하는 날짜를 의식하지 못할 뿐이다. 그래서 이것을 염두에 두어야 한다. 일시적이고 영구적인 시간은 같은가? 새로운 의식이나 관습이 언제 시작될지를 어떻게 알 수 있는가? (Heath & Heath, 2007)

저항과 수용 간의 간격을 이용하기

누군가 전통적인 규범을 뛰어넘을 때 새로운 아이디어에 대한 저항과 수용 사이에 간격이 생긴다. 신임교사가 독자적으로 학부모에게 긍정적인 전화를 하기로 결정한다면, 이는 현재의 문화를 과시하거나 아니면 현재의 문화를 위협하는 것으로 인식할 수 있다. 다른 교사는 초보교사에게 "우리 학교에서는 그렇게 하지 않아요." 또는 "부모는 귀찮아지는 것을 좋아하지 않는다."라고 말할 수 있다. 교장만이 학부모의 의견을 들을 수 있고 학부모들이 교사에게 전화할 메시지가 있으면 말하라고 권고할 수 있다. 전화 내용이 무엇인지 교장이 모른다면, 되레 학부모는 학교가 어떻게 돌아가고 있는 것인지 의아해 할 수 있다.

이것이 어리석게 보일 수도 있지만, 모든 조직에는 무엇이 승인할 수 있는 것이며, 정상적 인지와 관련하여 (개인의) 노력의 수준 (범위)을 설정하는 특정의 개인들이 있다. 이 수준의 선을 넘으면 동료의 압력이 작용하여 보통의 노력 수준으로 돌아갈 수 있다.

아이러니하게도 어떤 학부모는 교사들이 보통 정도의 노력 수준에 머무르기를 바라고 또 교사들이 긍정적인 주도성을 발휘하지 못하게 방해하는 노력에 참여하게 될 수도 있다. 예를 들면, 교사가 '다른' 학부모에게 전화를 걸면 화를 내는 한 학부모가 있다. 특히 그 학부모들이 별거한 경우라면 더욱 화를 낸다. 또는 바쁜 학부모는 그가 비상시에만 전화해 줬으면 좋겠다고 응답할지도 모른다. 뿐만 아니라 어떤 선생님은 좋은 소식으로 학부모와 접촉할 때 긍정적인 반응을 받고도 화를 낼지도 모른다. 이러한 칭찬을 받아 보지도 못한 일부 또는 모든 선생님은 학부모나 학생으로부터 불만을 듣게 될 수도 있고 또 분개하기도 한다.

여러분이 상상할 수 있듯이 이 쟁점들은 나쁜 소식을 가진 학부모를 만나는 문화로 되돌아가야 한다는 큰 압박감을 준다. 그러나 교사가 계속해서 다른 교직원과 교장이 재미에 합류하면 새로운 법의 일부가 되어 문화 속에 침투할 수 있다. 월요일을 축하하는 예에서와 마찬가지로, 티핑 포인트(역주: 5장 참고)는 조직 내외의 다른 사람들의 불편에도 불구하고 다른 경로를 취하고 그 방향으로 계속 기꺼이 나아가게 할 수 있다.

처음 긍정적인 전화가 풍토에만 영향을 줄 수는 있지만 교직원이 학생의 노력과 성취를 중요시하고 강화하는 경우 학교문화의 일부가 될 수 있다. 여기서 중요한 점은 저항과 수용 사이의 간격에서 발생하는 변화가 신념 체계의 일시적인 변화인지 영구적인 변화인지를 결정한다는 점이다.

격차의 이점을 이용하기

이 장에서는 풍토와 문화의 차이에 대해 생각해 보고자 했다. 자신이 하는 일을 계속하도록 하는 조직의 습관이 있다. 때때로 출석하기 위한 새로운 방법, 졸업을 위한 새로운 방법, 새로운 교과

서와 같은 새로운 것들은 무엇이든지 새로운 습관을 도입하려고 시도할 수 있다. 대부분의 새로운 것들은 우리가 여기서 논의하는 사이에 사라질 수도 있다. 그러나 때로는 무언가 새로운 것이 추진될 수 있다. 여러분이 학교에서 시행하려고 애써 봤지만 잘되지 못했던 새로운 아이디어를 생각해 보라. 학교의 새로운 습관 목록에서 어떤 종류의 활동이 도입되어 추진되고 있는가? 이제 학교가 채택하기를 바라는 새로운 습관의 목록을 만들어 보라. 그들에게 도움이 되는 활동은 무엇일까? 바로 내일 위협을 가하지 않고 문화를 바꾸기 시작하면 어떨까?

리더로서 여러분은 관습을 바꾸고 있는 사람들을 인식하고 긍정적인 방향으로 나아가고 있는 사람들에게 격려를 보내고 안전성을 보장해 줘야 한다. 이러한 확인이 없다면 그들은 지원과 긍정적인 지지를 충분히 받을 수 없다. 따라서 그들이 신속하게 원래 상태로 되돌아가 미래에 두 배로 노력하여 스스로 변화할 뿐만 아니라 궁극적으로 전체 조직에 영향을 줄 수 있게 한다.

///////

어떤 사람들에게는 풍토와 문화의 격차를 성공적으로 탐색하는 것은 성공적인 리더십의 지표가 될 수 있다. 또 다른 어떤 사람들은 그것을 좋은 경영관리의 신호로 생각할 수도 있다. 그러나 리더십과 관리의 차이점은 무엇이며 문화가 어떻게 토론에 들어맞는가? 이것이 다음 장의 주제이다.

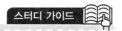

1. 여러분은 문화와 풍토를 구별하기 위한 추가적인 비교 항목을 생각할 수 있는가?

2. 사람들을 좌절시키는 루틴이 있는가? 그렇지만 여전히 필요하다고 생각되는 루틴은 있는가? 루틴의 유용성을 위협하지 않고 좌절감을 해결하기 위해 내일 변경할 수 있는 것은 무엇인가?

3. 루틴을 변경하려는 사람들에게 안전을 제공한다는 것은 무엇을 의미하는가?

202

학교문화
관리

변화가 좋든 나쁘든 일반적으로 문화는 변화를 감지하는 순간, 변화를

바이러스로 취급하는 속성을 갖고 있다.

리더와 관리자의 차이점에 대해서는 오랫동안 논의되어 왔다. 리더와 관리자의 역할은 서로 관련되어 있지만 이 두 역할은 서로 다른 목적을 갖고 있다. 이 두 역할의 상호작용에서 문화는 어떤 역할을 하는가?

만일 문화가 학교를 리드해 간다면 교장은 단지 학교를 관리(management)하면 된다. 만일 리더가 문화를 통해 학교를 관리한다면 리더는 학교를 리드해 갈 수 있다. 이게 무슨 의미인가? 이것이 의미하는 바는 경영 영역에서 리더와 관리자를 어떻게 구분 짓는지 이해하면 된다. 경영 속에서 리더는 관리자보다 더 많은 돈을 받는 경향이 있으며 더 좋은 사무실을 갖는다. 그런 것들은 마치 리더가 다른 사람들보다 중요한 사람인 것처럼 느껴지게 한다. 교육에서도 관리와 리더십은 모두 중요하다. 이 두 가지는 서로를 보완해야 한다.

일반적으로 리더와 관리자는 서로 다른 기능을 하지만 동일한 팀에 공을 들이는 두 사람인 셈이다. 관리는 보통 사람의 행동과 일상 업무를 감독하는 것을 수반한다. 그런데 만약 리더가 다른 직원의 실수를 없애거나 줄이는(관리) 데 시간을 소비한다면 이보다 더 중요한 리더십에 투자할 시간과 에너지를 충분히 가질 수 없을 것이다.

문화는 사람의 행동을 관리할 수 있다. 그리고 문화는 그 역할을 꽤 잘 해낸다. 다음의 목록을 보고 어떤 것이 동료교사 집단의 문화인지, 어떤 것이 리더십에 의해 유도된 문화인지 생각해 보라.

- 학생의 행동 교정하기
- 교사의 수업계획시간 활용하기
- 학부모에게 전화하기
- 글쓰기 과제 채점하기
- 학생에게 고함지르기
- 학생을 신뢰하기
- 일찍 혹은 늦게 출근하기 또는 늦게 혹은 일찍 퇴근하기
- 업무의 마감기한 지키기

만약 리더가 암묵적인 기능으로 교사들과 너무 많은 시간을 보내 버리면 리더십을 최대한 활용하지 못하게 되고, 오히려 꼭 리더십을 발휘하고자 할 때에는 리더십이 위태로워질 수도 있다. 많은 교장은 이전에 한때 교감 혹은 부장교사였고, 이전에 그들이 가졌던 행정 경험은 학생 지도에 집중되어 있었다. 그들은 아마 학생을 지도할 때 매우 잘했을 것이고, 교장이 된 후에도 리더십을 '발휘'하는 대신 이전 업무와 관련된 문제들을 해결하려고 나설 것이다.

만일 학교에서 교사들이 학생들을 적절하게 잘 지도하고, 전문가로서 행동하길 기대하는 분위기가 형성되어 있다면, 학교현장

에서 의미 있는 변화를 만들 수 있는 기회가 더 많아진다. 하지만 학교가 마치 급한 불을 끄듯 학급관리를 하는 데 계속해서 문제에 직면하게 된다면, 리더십은 이러한 문제를 예방하는 수준으로 급속히 줄어들고 낮아질 수밖에 없다.

명심해야 할 점은 리더십을 발휘하는 위치에 있는 많은 사람들은 사실 관리에 익숙해지는 데 더 편안함을 느낀다는 것이다. 우리가 말했듯이 만약 한 교감이 행정 경력을 쌓는 동안 오직 학생지도와 장학을 담당했다면, 아마도 그는 교육과정에 대한 내용을 처리하는 것보다 학생지도 분야에서 더 편안함을 느낄 것이다. 그래서 우리는 교장과 같은 행정가가 리더의 역할을 하기를 바라지만(담당하기를 바라지만) 교장은 사실 자신의 직무를 관리자의 역할로 국한하는 것을 선호하거나 심지어 고집(고수)할 수도 있다. 반면, 교육 리더가 기대를 설정하고, 효과적으로 고용하고, 교원과 직원에게 최상의 업무방식을 제시할 수 있게 되면 다른 사람들을 리드할 실마리를 얻게 된다.

예를 들어, 학교에서 교실 규범이 학생의 잘못을 찾아내는 것이라면, 제법 많은 행정적 대응이 요구될 것이다. 만약 우리가 학교 버스 기사에게 학생을 대하는 적절한 방법을 알려 주지 않는다면, 우리는 언제나 통학 지도의 문제에 직면하게 될 것이다. 마찬가지로 교사들이 일상에서 존중받고 있다는 느낌을 갖도록 만들지 못하면, 마침내 별로 능력이 없는 교사들만 남게 될 것이다. 이것은 중요한 문제이다. 종종 우리는 문화가 그런 사소한 문제들을 해결할 수 있다고 생각한다. 이런 문제들은 학교의 리더가 실제로 관심을 갖기 전까지는 모니터링을 해야 하는 부분이 아니라고 여기면서 말이다. 예를 들어, 일반적인 생각은 학교의 문화가 학교버스에서 학생들의 행동을 관리하도록 만드는 것이다(이미 그렇게 해서 문제가 발생했는데도 말이다).

교사에 대해 생각해 보라. 교사들이 효과적인 학급 관리자라도 교육적 역할을 다 해내지 못할 수는 있겠지만, 비효과적인 관리자라면 절대 교육적인 역할을 하지 못할 것이다. 교사와 교직원들의 적절한 실천을 포용하는 문화를 지향하는 노력은 결국 학교가 바람직한 성과를 내는 데 중요한 부분이다. 협동적이고 개방적인 학교문화는 리더가 학교를 이끌어 나가는 데에 필요하다. 우리가 리더십 모드로 기어를 전환하기 전까지 모든 개개인이 관리 전략에 탑승하기를 마냥 기다릴 수 없지만, 최소한 대부분의 사람들이 제대로 일하고 있다는 것을 확신시켜 줄 수 있는 관습이 우리에게 필요하다는 점은 분명하다.

학교문화 형성자

이전 장에서 우리는 관습과 의식과 같은 환경적 요인이 어떻게 학교문화를 바꾸는 지렛대의 작용점이 될 수 있는지에 대하여 논의했다. 지렛대의 작용점은 문화가 변화에 취약해지는 시점이다. 가끔 지렛대의 작용점은 학교가 세워질 때나 리더가 바뀌는 것과 같은 자연스러운 일들에 의해 발생한다. 그 외의 지렛대의 작용점은 인위적으로 만들어진 것들이다. 조직의 리더가 자연적인 변화 시점이 오길 기다리지 않고 변화를 향해 문화를 형성해 가는 시점이 이에 해당한다. 우리는 이런 사람들을 '문화 파괴자'라고 부른다. 이들은 기존의 시스템을 변화에 더 개방적이 되도록 약화시킨다.

이제 우리는 새로운 문화를 형성하는 일과 문화 형성자에 대해 논의하고자 한다. 조직이 어떤 문제에 대해 예측 가능하고 효과적인 방식으로 대응할 때, 문화는 성공적으로 변화하고 더욱 강력해진다. 우리는 리더들이 문화를 더욱 강력한 방향으로 이끄는 데에 필요한 전략이 있다고 믿는다. 문화는 문화의 구조가 파괴되거나 해동(解凍)될 때 변화한다(Lewin, 1936). 이 시기에 문화는 변화에 좋게 혹은 나쁘게 반응한다. 긍정적인 리더 또는 부정적인 리더들은 문화의 파괴를 경험할 때 그들 나름대로 최선을 다한다. 여기서 주목할 점은 문화가 파괴되고 나서 그때 어떤 일이 일어나는지 보는 것이 아니다. 학교리더들은 문화가 변화할 때 예측되는 불편함이 어떤 것이든지 발생하기 전에 몇 가지 수준을 준비해야 한다.

문화 형성자의 행동 예시는 다음과 같다.

- 공적 또는 사적으로 칭찬하기
- 의식 행사 개선하기
- 졸업생/동창회 방문 연결하기
- 사람과 의식 인정하기
- 결과뿐만 아니라 노력에도 박수 보내기
- 작은 성과에도 축하하기

- 새로운 적을 확인하기(만약 현재의 '적'이 학생이나 학부모라면)
- 공감하기
- 관심 보이기
- 모험하기 전에 용서하기
- 새로운 스토리 만들기

  (역주: 여기서 진하게 쓴 것만 좀 더 자세히 설명한다.)

비록 이런 것들 중에 어느 것도 별로 신선한 아이디어가 아닌 것 같이 보일지라도, 여러분이 주목해야 하는 것은 각각의 아이디어가 얼마나 많은 영향력을 가질 수 있는지에 대하여 생각하는 것이다. 문화라는 렌즈를 끼고 이러한 아이디어를 바라보면, 우리는 단지 무엇이 논의되는지에 대한 것만큼 누가, 언제 그 아이디어들을 사용하는지를 생각하게 된다. 좋은 친구가 등을 토닥거려 주는 것이 교직원 회의에서 수여되는 상만큼의 영감을 줄 수 있지 않은가? 졸업생의 연설이 주지사가 여러분의 학교를 블루리본(Blue Ribbon) 학교[역주: 주삼환, 이석열, 정일화(2009). 『블루리본 스쿨』. 학지사를 참고하라.]라고 선언하는 것보다 더 동기부여가 될 수 있는가? 사람들은 동정에 반응을 나타내는가, 아니면 공감에 더 반응을 보이는가? 만약 사람들이 당신이 무엇을 더 중요시 여기는지 안다면, 이미 여러분은 더 많은 시행착오를 해도 된다는 '허가'를 받은 것이나 다름없다.

이제 몇몇 문화 형성자를 학교에도 적용시킬 수 있는지 자세히 살펴보도록 한다(비록 한 번에 할 수 없을지라도). 문화 형성자를 스테로이드(근육 증강제)라고 생각하자. 물론 그것들이 교장이 학교 문화를 더욱 강하게 만들 수 있는 유일한 방법은 아닐지라도, 교장의 노력을 확실히 증대시킬 수는 있을 것이다.

칭찬하기

상대에 대한 칭찬을 잘 사용할 경우에는 믿을 수 없을 만한 강력한 힘이 생긴다. 제대로 된 칭찬보다 더 강력한 것은 별로 없다. 교실로 가서 "내가 사무실에 있는 동안에는 예전의 학교가 어땠는지를 잊었어요. 그래서 나는 여러분의 교실에 와서 우리 학교의 모습을 떠올리고 싶었어요. 학생들을 위해 교실에 있어 줘서 고마워요. 나를 위해 교실에 있어 줘서 고마워요."라는 메시지를 남겨 보자. 이런 종류의 메시지는 교사의 기분을 좋게 하고, 그 교사로 하여금 노력하게 만들며 학급 운영을 충실하지 못하게 하는 동료 교사의 영향에 저항하도록 돕는다.

이와 같은 접근은 학교 어디서나 적용될 수 있다. 만약 교사들이 수업을 시작할 때 교실 문에서 학생들을 맞이한다면, 여러분은 온정을 나누고 있는 교사들에게 개별적으로 감사를 표할 수 있다. 교장은 또한 직원들에게 다음과 같이 메모를 남기거나 메일을 보낼 수도 있다. "오늘 제가 학교를 돌아볼 때 많은 교사가 교실 문 앞에 서서 웃으며 학생들을 맞이하는 것을 보았어요. 그것은 확실히 차이를 만들어 내죠. 학생들이 존중받는 기분을 느끼도록 시간을 써 줘서 고마워요." 이 메시지에서 어떠한 교사도 특별히 언급되지 않았지만, 이것은 여러분이 원하는 학교 분위기가 무엇인지 상기시켜 주는 긍정적인 역할을 한다. 그리고 이것은 사람들의 태도에 영향을 미치기 때문에, '만약 다른 사람들이 그렇게 한다면 나 또한 그렇게 해야 한다.'라는 분위기 혹은 기대를 형성한다. 이것이야말로 문화를 발전시키는 데 도움이 되는 강력한 방법이다. 또한 이것은 문화(친근한 환경을 만드는 문화)가 교사와 직원의 행동을 관리하도록 만드는 방법이다. 덧붙여서 여기서 가치 있다고 인정되는 것은 모두가 할 수 있는 그 무엇이다. 이 방법이 단지 몇 사람만이 가지고 있는 재능이라고 단정 짓기보다는 모두가 할 수 있는 일, 다시 말해 각 개인이 진화 발전하는 문화의 일부가 되고 각각의 개인이 그 사실을 느끼도록 해야 한다.

작은 성과에도 축하하기

어떤 사람이 다이어트를 해서 10킬로그램을 감량하려고 할 때, 주변에서 완전히 성공할 때까지 기다리고만 있어서는 안 된다. 여러분이 주기적으로 그 사람에게 그가 하는 일의 중요성을 느끼게 하는 것이 중요하다. 미국의 많은 지역에서 발생하는 교사의 부족 문제를 생각한다면, 그들이 지속적으로 행복하고 만족감을 느낄 수 있도록 여러분이 할 수 있는 최선의 일을 다해야 할 것이다. 이미 우리도 알다시피 조직을 떠나는 사람들은 그들의 직업이 싫어서 떠나기보다는 그들의 상사가 싫어서 떠난다.

위험을 감수하며 규범을 깨는 개인이나 집단에게, 그들이 옳은

212

일을 하고 있다는 것을 확신시켜야 한다. 비록 그들이 항상 즉각적인 성공을 거두지는 못해도, 여러분은 그것을 계속해서 성과라고 언급할 수 있어야 한다. 작은 성과에 대하여도 칭찬하여 과거의 잘못에 대한 두려움보다는 더 나은 미래를 기대하도록 만들어라.

작은 성과가 정확히 무엇인가? 여기 몇 가지 예시가 있다.

- 우울해 보였던 교사의 미소
- 공부를 잘하지 못했던 학생의 시험 합격
- 학교버스 기사에게 고마움을 표시한 교사
- 작은 쓰레기를 주운 학생
- 교사회의에서 재미난 이야기를 나눈 사람
- 머리를 잘 빗고 온 김 선생님

작은 성과는 크게 보았을 때 사소해 보이는 것이지만, 누군가에게는 큰일이 된다. 그것은 사고나 우연하게 일어난 일이 아니다. 그것은 삶에서 새로운 역할을 수행하고자 하는 누군가의 목적 있는 노력의 결과이다. 여러분의 역할은 그 과정을 함께 지켜 주는 것이다.

관심 보이기

여러분은 논리만 가지고 사람들을 움직이게 만들 수 없다. 사람을 움직이는 데에 정서적 측면도 또한 필수적으로 필요하다. 교사들이 하는 일 때문이 아니라, 선생님들 자체를 교장이 더 중요하게 여긴다는 것을 보여 주는 것은 교사와 직원들을 움직이게 만드는 동력이 되고, 결과적으로 전체 조직을 앞으로 나아가게 만든다. 어떤 사람들은 이러한 사실을 숨기려고 한다. 감정이 중요하다는 점을 부정하면 마음을 쓰는 일이 어려워지고, 오히려 멀쩡한 일을 망치기도 한다.

개인적인 접촉은 오래 지속된다. 교직원에게 교장이 원하는 교육과정의 변화에 대하여 물어보기보다 그들의 자녀가 잘 지내고 있는지, 또는 그의 아들이 대학 생활을 잘하고 있는지 물어보는 것이 진정으로 인간적인 관계를 만드는 방법이다. 교장이 진정으로 마음을 쓰고 또 마음씀을 보여 줄 때 다른 사람들에게 교직원의 일상적인 한계를 넘어설 수 있는 힘을 발휘하게 된다. 교장이 교직원들에게 주기적으로 보내는 지지에 보답하고자 하는 마음이 생기도록 교직원들에게 믿음을 주게 되는 것이다.

만약 서로 혹은 학생들에게 관심을 가지는 것이 정서적인 투자로서 가치 있다고 믿지 않는 학교문화라면, 상대방에게 관심을 보이려는 첫 시도는 어색한 반응을 불러올 것이다. 냉소적인 사람들은 여러분에게 어떤 속셈이 있다고 생각할 것이다. 어떤 사람들은 배려해 준 데에 보답해야 한다는 의무를 느끼지 않으려고 여러분의 노력을 거절할지도 모른다. 또 어떤 사람들은 그들이 지금 여러분이 가장 좋아하는 선생님 중에 한 명이라고 생각하고 아무것도 하지 않으려 할 수 있다. 하지만 그렇다고 해서 멈추면 안 된다. 그저 천천히 계속 시도해야 한다.

새로운 스토리 만들기

스토리텔링의 힘을 과소평가하는 것은 리더들이 종종 저지르는 치명적인 실수 중 하나이다. 교무실에 있는 자료집이 학교의 전설적인 사건으로 채워지는 것보다, 주변에 긍정적인 사람들이 그 자료집 속에 있었음을 상기시켜야 한다. 문화는 이야기를 기반으로, 또는 이야기와 관련해서 만들어진다. 이야기는 그 어떤 정책보다 교사의 행동에 영향을 줄 수 있다.

예를 들어, 어떤 학부모가 개인적인 감동을 준 교사에 대해 말했던 것을 스토리로 만들어라. 긍정적인 전화 한 통이 학부모와 학교의 관계에 어떻게 영향을 미쳤는지 자세히 기술하고 묘사하라. 학생들이 열의에 차서 교사와 그 교사의 수업을 어떻게 묘사하는지 교사들이 알게 하라. 여기서 생각해 볼 점은 스토리는 진실이 아니어도 된다는 것이다. 그렇다고 여러분에게 거짓말을 하라는 것은 아니다. 단지 비전의 빛을 비추라고 부탁하는 것이다. 이러한 방법은 모든 사람에게 옳은 행동을 하는 것, 더 시도해 보는 것, 특별한 관심을 보이는 것이 실제로 변화를 만들어 내는 기폭제가 된다는 점을 알려 줄 것이다. 스토리를 만들라. 모든 사람이 가치 있는 것을 알 수 있도록 행동으로 말하고 보여 주라. 이러한 노력에서 비롯된 정서적 파장은 다른 사람들에게 믿을 수 없을 만큼 강하고 의미 있는 영향력을 행사하게 될 것이다.

언제 취소 버튼을 누를 것인가?

사람들은 비효과적인 관행이 때로는 시작되기도 전에 중지된다는 것을 알아야 한다. 학교의 리더로서, 학생들을 지원하는 것만큼 교사들을 보호하는 것도 또한 교장의 중요한 역할이다. 교장에게는 문화에 대한 열쇠가 있다. 문화는 안전하지 않고 혼란스러울 때 사람들이 의심 없이 덮는 안전모, 안전 담요와 같다. 그렇기 때문에 제대로 작동하지 않는 것을 언제 멈춰야 할지 아는 것은 어려운 일이다. 문화가 모든 사람에게 어떤 계획이 성공할 것이라고 말할 때, 여러분이 실패를 감지하는 유일한 사람일 수도 있다.

여기에 고려해 볼 만한 비유가 있다. 여러분이 컴퓨터에 새로운 프로그램을 설치하고, 다운받는 동안 그것을 '취소'할 수 있는 옵션은 항상 있다. 다운을 받는 동안에 '작업 관리자'는 취소 버튼을 사용할 수 있는 것이다. 그리고 프로그램이 설치되면 그 프로그램은 컴퓨터를 다시 시작하라는 메시지를 표시한다. 이것은 새로운 프로그램이 시스템 작동에 영향을 줄 것이라고 전체 시스템에게 알리는 마지막 동의 절차이다. 새로운 프로그램이 다운될 때 누군가 취소버튼을 누르면 어떤 일이 발생할까? 그리고 왜 누군가는 새 프로그램을 설치하고 나서 전체 시스템을 재부팅하지 않는가?

컴퓨터의 모습을 학교 리더십과 관련지어 보자. 먼저 무엇이 새 프로그램이 설치되기도 전에 학교의 리더가 프로그램을 '취소'하게 만드는 것일까? 왜 문화는 어떤 것이 제대로 작동하지 않을 때

216

실패를 감지하지 못할까? 컴퓨터 작업을 할 때, 우리는 새 프로그램이 다음 중 한 가지 문제를 일으킬 때 취소 버튼을 누를 것이다.

- 설치에 너무 오랜 시간이 걸림
- 바이러스가 탐지됨
- 설치할 때 너무 많은 팝업창이 뜸
- 너무 많은 개인정보 요구
- 현재 시스템과 호환되지 않음
- 너무 많은 용량을 차지함

이런 문제들 대부분은 설치 결정을 내리기 전에 나타나기보다는 설치가 시작되었을 때 나타난다. 많은 악성 프로그램은 설치하는 사람이 일정 수준의 약속을 하기 전까지는 그들의 실체를 드러내지 않는다. 그리고 그런 프로그램은 취소 버튼을 아예 숨기거나, 사실로 보기에는 너무 좋은 약속을 제시할 수도 있다. 우리가 앞의 문제 목록을 학교 리더십의 관점에서 볼 수 있는가? 한번 확인해 보기로 하자.

설치에 너무 오랜 시간이 걸림

이것은 개선을 약속하는 많은 프로그램이 가진 전형적인 문제이다. 좋은 성능에 도달하기 위해 어떤 프로그램을 설치하는 데에 너무 오랜 시간이 걸릴 수 있다. 새로운 프로그램(예를 들어, 교육위원회 정책의 변경, 새로운 교육과정, 실험 일정 잡기 등)이 시스템에 '설치뤌(loaded)' 때, 사람들은 개선의 신호를 발견하기까지 초조해 하고 안달할 수도 있다. 때때로 대기 시간을 왜곡하는 일시적인 설치시간 감소나 설치가 되고 있다는 표시가 발생하기도 한다. 그러나 어쨌든 설치시간은 평균시간으로 복귀할 것이다. 학교문화의 측면에서 통계학자들이 어떤 현상이 시간이 지날수록 평균으로의 복귀하는 현상이 일어난다고 하듯이, 문화도 시간이 지나면 어차피 원상태로 돌아갈 것이라고 말한다. 어떤 계획이 유용한 효과를 내기까지 시간이 너무 오래 걸릴 때 우리는 취소 버튼을 누를 것이다.

바이러스가 탐지됨

때때로 직관적으로 이것이 나쁜 생각이며 어떤 손상을 입히기 전에 멈춰야 한다고 느낄 때가 있다(실제로 문화가 우리의 귀에 대고 속삭이는 것이다.). 큰 규모의 투자를 요하는 새로운 일을 시작하기 전에 속으로부터 올라오는 불안함은 모든 새로운 것에 대한 우리의 태도에 필요 이상의 부정적 인식을 심어 줄 수 있다. 변화는 문화에게 바이러스와 같다. 문화는 여러분을 갈등하게 만드는 불편이라는 열을 발생시켜서 바이러스로부터 기존의 시스템을 지키려고 할 것이다.

설치할 때 너무 많은 팝업창이 뜸

팝업은 새 프로그램을 설치할 때 갑자기 화면에 떠서 귀찮게 하는 창을 말한다. 이들은 설치하는 사람을 산만하게 만들어서 설치를 취소하지 못하게 하거나, 설치자가 (돈을 더 써서) 더 나은 프로그램을 설치하게 하거나, 또는 더 접근하기 쉬우면서 비슷한 제품으로 이동하게 할 수도 있다. 학교리더에게 팝업의 상황은 새 프로그램에 호응하는 '척'하는 사람들에 의해, 새로운 방법의 신빙성을 떨어뜨리는 이전의 방법에 의해, 또 주의를 요하는 업무에 의해 발생할 수 있다. 그리고 이런 문제는 언제나 발생한다는 것이다. 극복해야 할 점은 그런 것들이 우리가 새로운 투자를 하는 것을 방해하도록 내버려 두면 안 된다는 사실이다.

많은 개인정보를 요구

우리가 개인정보를 제공하라는 요구를 받을 때, 너무 많은 정보가 제공되고 있다고 느낄 때가 있다. 이로 인해 취약점이 발생한다. 이런 경우에는 프로그램에 대한 신뢰 자체가 문제가 된다. 새로운 프로그램에 '올인'하는 것은 프로그램 설치를 결정하는 수준에서는 명백하지 않았지만, 실질적으로는 개인적인 시간을 재정비하고 생활패턴을 바꾸는 일을 수반하게 될 수 있다. 우리가 어떤 일에 완벽하게 철저히 헌신하면 우리는 거기에 매달려 빠지게 된다. 심지어 그것이 실패할 때라도 말이다(Lindstrom, 2008). 불행하게도 우리는 힘들게 매달렸던 일을 멈추는 것을 우리의 오기(자존심)가 허락하지 않는 지경에까지 이르게 하기도 한다.

현재 시스템과 호환되지 않음

간단히 말하자면 문화는 새 프로그램을 좋아하지 않는다. 만약 새로운 직원이 기존 직원과 비슷하지 않다면, 완벽하게 업무를 받아들이고 과업을 해내기까지 어려움을 겪을 것이다. 그러므로 새 프로그램은 시작하기도 전에 방해를 받는다. 리더는 방해가 너무 과해지기 전에 이런 점을 감지할 수도 있다. 이런 만만치 않은 시나리오에서 문화가 승리하면 다음에 새로운 것이 시도될 때에는 더욱 강력하게 저항하는 문화와 부딪치게 될 것이다.

너무 많은 용량을 차지함

학교 일정은 신성하다. 사람들은 특정 시간 동안 일하는 것에 익숙해진다. 우리는 정상 근무 시간 중에서 해야 할 일을 효율적으로 처리한다. 새로운 시도가 직원들을 일찍 출근하거나 늦게 퇴근하게 만든다는 것이 드러날 때, 불만의 목소리가 여기저기에서 표출될 수 있다. 리더는 설치 단계에서 취소함으로써 이런 불만을 피할 수 있다.

교육자는 단지 너무 많이 일할 뿐이다. 교육자에게 진정한 역할인 보살핌을 100퍼센트 넘게 발휘하길 기대하는 것은 모순이다. 만약 새로운 직원에게 100퍼센트가 넘는 업무효율을 기대한다면 그 직원은 지나치다는 부담을 느낄 것이다. 직원들에게 더 높은 생산성을 요구하는 조직에서 직원들에게 제공되는 전형적인 유인책은 대체로 더 높은 임금과 같은 업무 외적인 것이다. 마찬가지로 교육자에게도 보살피는 역할을 과도하게 요구하는 것은 제대로 보살피는 역할을 할 수 없게 만들 것이다.

'설치'가 완료되고 나면 리더는 전체 시스템을 새로 시작해서 모든 사람이 새 프로그램을 사용할 준비가 되었음을 알게 해야 한다. 컴퓨터에서 이것은 단지 엔터 버튼을 누르는 것으로 해결된다. 그러나 리더십에서 이것은 그렇게 단순하지 않을 수 있다. 불행하게도 현실에서 우리는 새로운 것을 허용하기 위해 기존의 것을 모두 멈출 수는 없다. 실제 현실은 컴퓨터에 새 프로그램을 설치하는 상황이기보다는 오히려 고속도로의 진입 차선에 있는 상황과 비슷하다. 일단 고속도로에 진입하면 빠져나오기까지 시간이 걸리게 된다. 공개적으로 취소하는 것은 사회적 자본이나 명성을 대가로 지불할 수도 있다.

우리는 리더에게 절대로 취소 버튼을 누르지 말라고 말하는 것이 아니다. 때때로 우리는 유용하지 않은 것을 사는 것에 집착할 수도 있다. 때때로 취약한 프로그램은 전략적인 추천서나 모호한 통계 등을 통해 효과적인 프로그램으로 변장할 수 있다. 그와 같은 결점이 발견되면 신중한 학교리더는 나쁜 프로그램을 다운로드하는 것을 멈출 것이다. 우리는 학교리더들이 새로운 것을 포기하는 결정이(아마 그것이 어떤 변화를 만들기도 전에) 신경 쓰지 않아도 될 신호에 의해서 일어날 수도 있다는 것을 알아야 한다. 변화가 좋든 나쁘든 일반적으로 문화는 변화를 감지하는 순간, 변화를 바이러스로 취급하는 속성을 갖고 있다. 만약 문화의 힘이 강력하다면, 아마 모니터 화면의 크기만큼 큰 취소버튼이 나타나서 누를 수밖에 없을 것이다.

언제 취소 버튼을 누를 것인가? 간단히 말하면, 좋은 사람들이 싫어하거나 힘이 없는 약한 사람들이 그것을 지지할 때이다.

문화의 사람 보호와 사람의 문화 보호

문화를 개선함으로써 사람들을 발전시키려고 하거나 사람들을 발전시킴으로써 문화를 개선시키려고 할 때, 우리는 이들 사이의 중요한 관계를 인식해야 한다. 문화만 변화하고 싶지 않은 것이 아니다. 많은 사람이 같은 생각으로 변화하고 싶지 않은 것이다. 여러분의 학교에서 어떤 사람은 학생들에게 분명히 좋은 영향을 미칠 수 있는 아이디어를 제안할 수도 있다. 여러분은 사람들이 자연스럽게 그리고 열성적으로 그 제안에 달려들 것이라고 생각할 것이다. 그러나 실제로는 대부분의 사람들이 자의적으로 그 제안을 평가하고 나서 처음으로 하는 생각은 '그것이 나에게 어떤 영향을 주는가?'이다. 만약 그 제안이 더 많은 업무, 귀찮은 일, 또는 스트레스를 요하는 일이라면, 그들은 즉각적으로 변화가 발생하지 않도록 하려고 할 것이다.

이제 문화는 그들이 "저는 선천적으로 게으르고, 월급은 필요 없으니 절 빼 줘요!"라고 말하도록 그냥 놔두지 않을 것이다. 대신 문화는 그들이 "우리는 동시에 진행해야 하는 계획을 너무 많이 세웠어요. 몇몇 계획들이 정착될 때까지 기다렸다가 몇 년 이내에 다시 이 생각을 해 보도록 합시다."라고 말하게 할 것이다.

교육구에서 정책에 대한 투표를 할 때 반대자가 "우리는 사실 아이들이나 지역사회에 관심이 없어요. 그러므로 저는 새 학교를 짓고 추가적으로 교사를 임용하는 데에 반대할 겁니다."라고 말하는 경우는 거의 없다. 지역사회의 규범은 그러한 언급을 받아들이지 않는다. 대신 반대자들은 다음과 같이 말할 것이다. "만약 우리가 큰 학교 하나를 짓는 대신 작은 학교 두 개를 만든다면, 또는 수영장을 포함해서 짓지 않는다면, 저는 찬성할 것입니다."

문화적 규범 뒤로 숨는 것은 사람들이 사회적으로 위험에 빠지거나 표적이 되는 것을 막아 준다. 이런 현상은 학교 단위에서도 발생한다. 문화와 사람들의 관계를 이해하면 리더는 새로운 것을 반대하며 변명하는 사람들을 제지하고 변화를 추진할 능력을 가질 수 있다. 문화와 사람들 사이의 미묘한 관계는 새로운 아이디어에 대해 변명처럼 들리지 않으면서도 그 아이디어를 반대할 수 있게 만드는 명분을 제공한다. 새로운 영역에 들어가고 싶지 않은 사람들은 재빨리 그러한 명분을 방패로 사용한다. 우리는 그럴듯한 명분이 곧 새로운 아이디어를 반대하는 변명이라는 것을 인지해야 한다. 혹은 적어도 명분을 내세우며 변화를 반대하는 사람들이 스스로가 변명을 하고 있음을 인정하도록 만들어야 한다.

왜 무능력한 사람들은 도움을 청하지 않나

우리는 종종 왜 무능력한 사람들이 도움을 구하려고 하지 않는지 궁금해 한다. 아마도 그들은 자신이 무능력하다는 사실을 모를 수도 있다. 대부분의 무능력한 교사들은 그들이 무능력하다는 사실을 알 수 있는 기회를 없애 버린다. 유능하지 않은 교사들은 수업시간에 단지 그들의 교실 문을 닫기만 하지 않는다. 그들은 아무도 볼 수 없도록 교실 창문도 가려 버린다.

무능력한 사람들이 고립되는 이유를 더 그럴듯하게 설명하자면, 무능력하다는 것은 다른 사람들이 그들과 함께 일하는 것을 꺼려 한다는 것을 의미한다. 우리는 무능력한 사람들에게 일을 부탁하면 그들이 일을 망칠 것이라고 생각하기 때문에 그들에게 일을 부탁하지 않는다. 그들의 무능력함은 **자기충족예언이** 된다. 일반적으로 대부분의 상황에서 문화가 이런 현상을 가능하게 한다. 우리는 사람들의 업무능력과 업무의 중요도를 함께 고려하여 이런 관행을 멈춰야 한다. 어떤 사람에게는 아무것도 하지 말라고 하면서 다른 사람에게는 거의 모든 것을 다하기를 요구하기보다, 모든 사람이 어느 정도의 일을 나눠서 공유하도록 해야 한다. 모든 일을 똑같이 나눈다는 것은 말이 되지 않지만, 모든 사람이 그들의 능력에 맞는 일을 담당하도록 할 필요는 있다. 이런 결정을 정기적으로 적절한 수준에서 도모함으로써 우리는 문화로 하여금 관리자가 되게 할 수 있고 또 모든 조직에 진정으로 필요로 하는 지침을 제공하는 리더로 만들 수 있도록 하는 것이다.

///////

우리는 이 장에서 리더십과 관리에 대하여 다룬 데 이어 다음 장에서는 특별히 사람들에게 더 초점을 맞춰 구체적으로 다룰 것이다. 특히 직무만족과 사기에 대해서 다룰 것이다. 이 주제들은 학교

리더십의 세계에서 새로운 것들이 아니다. 새로운 것은 직무만족과 사기가 어디에 위치하는지 배우는 것과 그 둘을 증진시키는 방법이다. 리더들은 자신이나 다른 리더가 일으킨 피해를 자주 고쳐써야 한다. 때때로 그런 피해는 변화라고 불린다. 직무만족과 사기는 문화 내부에 있다. 그러니 교무실에 도넛을 가져다 놓고 모든 것이 나아지길 바라지 마라. 지속적이고 의도적인 노력은 사람들, 학교, 그리고 문화가 더 나은 길을 밟을 수 있게 만드는 데에 필수적이다. 그러한 노력은 사람들이 매일 기뻐하고 한 주의 특정한 날 혹은 일 년의 특정 시간을 불행하게 만드는 고질적인 변명을 없애도록 만들 것이다.

스터디 가이드

1. 문화에 변화가 생기려고 할 때 어떤 이상 징후가 보이는가?

2. 선생님이 하루 동안 하는 일 중에서 어느 정도가 동료 선생님들에 의한 압력 또는 행정의 지시로 인한 것인가? 예시를 제공할 수 있는가?

3. 학교문화를 개선하는 사람들은 어떤 사람들인가?

4. 업무량을 재분배하는 것이 실제로 학교 개선 노력에 어떻게 영향을 미칠 수 있겠는가?

직무만족과
사기를 진작하는
문화형성

모든 학교에는 재능 있는 사람들과 영향력 있는 사람들이 아주 조금밖에 없다. 이 세상은 두 종류의 집단이 최대한 겹칠 때 가장 잘 돌아간다.

이 장에서 우리는 중요한 연구주제로 다뤄지는 두 가지 개념에 대해 알아볼 것이다. 바로 직무만족과 사기(土氣)이다. 우리는 직무만족과 사기 중에서 하나만 좋은 경우는 드물다고 생각한다. 직무만족과 사기는 개념적으로나 직관적으로나 서로 연관되어 있다. 여기서 우리는 이 개념들에 대한 이론을 설명하는 데에 많은 시간을 할애하지 않을 것이다. 대신 우리는 직무만족과 사기가 강하거나 약할 때 나타나는 영향력과 실질적인 사례에 대해 알아보고자 한다. 우리의 목표는 교내 사기를 진작시키는 것이 아니라, 여러분이 가진 가장 강력한 도구인 학교문화를 이용해서 교내 사기를 진작시키도록 힘을 주는 것이다.

여러분은 개인 단위, 작은 집단 단위, 혹은 전체 교직원 단위로 사용할 수 있는 활동을 발견하게 될 것이다. 우리는 여러분 학교의 교직원들이 학교문화에 대하여 더 잘 알게 되고 올바른 질문을 하기 바란다. 가장 좋은 질문은 그 질문 속에 해결책이 숨겨져 있다고 생각한다. 문화는 결코 해결되어야 할 문제가 아니라 우리가 문제를 해결하기 위해 사용할 도구라는 점을 기억해야 한다.

학교문화가 가장 강력할 때

우리는 언제 문화를 그대로 내버려 둬야 하는가? 그것은 문화가 제 역할을 해서 구성원들을 보호할 때이다. 우리는 언제 문화가 약해지고 문화를 수정하기 가장 쉬운 때에 대하여 논의했다. 우리는 반대로 문화가 강력해질 때가 있다고 믿으며, 이런 때에 변화를 만들려는 시도는 어려울 수밖에 없다.

학교의 문화가 너무 좋아서 모든 사람이 그 문화 속에 들어 있는 집단의 구성원이라는 점에 뿌듯해 할 때가 있다. 구성원이 적절한 보상을 받고 집단에게 고마움을 느낄 때도 있다. 또한 한 교사가 학부모의 언어폭력을 받을 때 교직원들이 그 교사를 옹호해 줄 수도 있다. 전체 집단이 싸울 준비를 하며 단합을 할 수도 있다. 학교 문화가 언제 강력하게 나타나는지 생각해 보라.

- 졸업식
- 체육행사
- 교내 표창 행사
- 학력평가 결과가 나왔을 때
- 교사가 위협을 받을 때

이제 여러분도 알다시피 문화가 강력해지는 현상 자체는 좋기만 하거나, 또는 나쁘다고만 할 수 없다. 좋고 나쁨은 어떤 종류의 문화인가에 달려 있다. 우리가 여러 번 말했듯이 문화는 조직의 개성이다. 우리 모두 강력한 개성을 가진 사람을 한 명쯤은 알고 있다. 때때로 그 강력함은 좋은 강력함일 수도 있지만, 그렇지 않은 개성일 때도 있다. 강력한 개성은 상황에 따라 이익이 되기도 하고 해가 되기도 한다. 이런 점은 문화에도 적용된다. 강함이 질을 보장하지는 않는다.

문화가 좋은 방향으로 작용하면서 좋은 선택을 하지 않을 사람을 바꾸기도 한다. 학생들에게 유익한 행동들이 모여 학교문화가 발전하거나 진화할 때, 문화는 유익한 행동을 하지 않는 사람들을 자연스럽게 막게 된다. 학생회의와 같은 간단한 사건을 생각해 보라. 회의에서 최고의 교사가 하는 행동과 덜 생산적인 교사가 하는 행동이 다른가? 참여 의지가 매우 높은 교사가 하는 전형적인 행동은 무엇인가? 최고의 교사들은 학생들 옆에 앉는다. 하지만 아무 학생 옆에 앉기보다는, 말이 너무 많거나 회의를 방해하는 학생들 옆에 앉는다. 이제 참여 의사가 없는 교사가 학생회의에서 하는 행동을 떠올려 보자. 그들은 뒤에 앉거나, 벽 쪽에 서 있거나, 다른 교사들과 앉거나, 심지어 회의에 참석하지 않기도 한다.

만약 새로 부임한 교사가 학생회의에 대한 아무런 안내를 받지 못했다면, 그들은 회의에 가서 동료 교사들의 행동을 관찰하거나 다른 교사에게 교사의 행동에 대한 암묵적인 규칙에 대하여 듣게 될 것이다. 만약 신임교사가 속해 있는 학년 혹은 담당하는 과목에서 다수의 교사 혹은 소수의 교사가 특정한 행동을 취한다면, 신임교사들은 이 교사들과 같은 행동을 따라 하게 될 것이다. 이것이 문화가 작동하는 방식이다. 문화는 신입 직원에게 암묵적인 규칙과 기대를 주입시킨다. 신임교사가 교사지침서에서 무엇을 읽었는지는 중요하지 않다. 심지어 만약 신임교사가 문제를 일으키는 학생 옆에 앉아서 옳은 행동을 할 때, 동료 교사가 신임교사의 귀에 다음과 같이 속삭일지도 모른다. "여기서는 교사들이 그런 행동을 하지 않아요. 우리는 그냥 맨 뒤에 같이 앉으면 돼요." 결국 문화는 부정적인 방식으로 젊은 교사의 행동에 영향을 미치며, 아마도 영원히, 아니면 적어도 신임교사가 본인에게 선택권이 있다는 점을 깨닫기 전까지 그 영향이 지속될 것이다.

하지만 만약 첫 회의 전에 교장이 신임교사에게 암묵적인 잘못된 규칙이 있다는 것을 알려 주고, 암묵적인 규칙을 따르지 않고 학생 지도를 하도록 격려해 준다면 어떨까. 아마 많은 교직원의 행동이 달라질 것이다. 교장의 격려는 신임교사들의 회의 참석 경험에 영향을 줄 수 있다. 이제 신임교사들은 강당 뒤쪽에 숨어 있는 교사들보다 학생들 옆에 앉아 있는 동료 교사들을 더 주의 깊게 볼 것이다. 그리고 학생들 옆에 앉는 행동이 신임교사의 규칙이 될 것이다. 심지어 신임교사가 예전에 근무하던 학교에서 그런 행동을 하지 않았더라도 말이다.

문화는 우리 생각(마음) 속에 존재하기 때문에 신임교사와 학교 관리자 사이의 짧은 대화조차도 신임교사가 새로운 규칙을 만들도록 하는 기폭제가 될 수 있다. 리더는 문화를 긍정적인 방향으로 이끌면서 변화를 만들려는 사람들을 도와줘야 한다. 그러면 문화의 힘이 긍정적으로 새로운 교직원의 모습을 빚어낼 것이다. 첫 번째 수준은 전체적인 문화가 별로 좋지 않더라도 긍정적인 방향으로 변화를 만들고자 하는 교사들을 모으는 것이다. 만약 교장이 새로운 교직원을 만나서 회의에서 교장이 기대하는 행동에 대해 설명한다면, 새 교직원들은 올바른 결정을 하는 하위문화를 형성하려는 시도가 위험하지 않다고 느낄 것이다.

교사들이 학생들의 행동을 개선하는 의사결정을 할 때, 교사들의 직무만족과 사기는 급격하게 신장된다. 어떤 것이 바람직한지 명확하게 전달하는 리더는 옳은 일을 하길 원하는 교사에게 좋은 행동을 보여 주는 셈이 된다. 만약 리더가 아무런 지침을 주지 않는다면, 리더 대신 문화가 신임교사에게 그들이 따라야 할 경로에 빛을 비춰 안내할 것이다. 때때로 그 빛은 옳은 길을 가리키기도 하지만, 방향성을 제시하는 리더가 없다면 문화는 언제나 기꺼이 사람들을 관습으로 몰아넣게 될 것이다.

문화의 문제는 문제가 아니라는 것이다

종종 사기는 문제 해결 방법에 대한 응답으로 드러난다. 모든 조직은 문제에 직면하게 되고, 만약 그 문제가 잘 해결된다면, 사람들은 다음 문제를 마주하는 것을 꺼리지 않는다. 만약 문제가 잘 해결되지 않는다면, 사람들은 다음 문제를 피하기 위해 할 수 있는 일은 뭐든지 할 것이다.

우리가 반복해서 말했듯이 조직문화는 해결되어야 할 문제가 아니다. 해결해야 하는 것은 사람들이 문제를 해결하는 방식이다. 문화에서 수상한 낌새가 느껴질 때, 우리는 그저 문화가 문제를 해결하는 방법을 모른다고 말한다. 때때로 문화는 현 상황을 유지하기 위해 문제를 필요로 하기도 한다. 단지 필요에 따라 그 문제를 꺼내들기 위해서 말이다. 그러므로 몇몇 학교문화는 문제를 해결하지 않고 가지고 있을 수도 있다. 가장 쉬운 방법은 그것을 우리 모습의 일부분이라고 말하거나 또는 과거의 실패를 회상하면서 그것을 고치려는 시도를 막는 것이다.

문제는 여러분 학교가 '문제'를 무엇이라고 정의(定義)하느냐 하는 방법일 것이다. 여러분이 목표를 달성하는 것을 방해하는 것이 문제인가, 단순히 여러분을 불편하게 하는 것이 문제인가?

다음은 많은 학교문화에서 답을 요구하는 문제이다. 학교는 종종 학생의 행동과 관련된 정책을 고민하거나 재검토한다. 하나의 접근법은 학생 지도 방식을 끊임없이 수정하는 것이다. 그렇다. 정부는 우리가 준수해야 하는 새로운 정책을 만들지만, 지금 말하는 내용은 그런 것을 뛰어넘는 것이다. 중요한 점은 우리의 목표가 무엇인지 스스로 확인하는 것이다. 새로운 학생 지도 규칙을 개발하는 것이 우리의 목표인가 아니면 학생의 행동을 개선하려는 것이 우리의 목표인가?

이 두 가지는 서로 관련되어 있을 수도 있지만 매우 다른 목표이다. 우리의 목표가 학생의 행동을 개선하려는 것이라면, 불행히도 그 목표는 어른들의 행동이 나아져야 달성할 수 있다. 우리가 어른들에게 행동을 바꾸라고 요구할 때마다, 문화는 이에 저항한다.

만약 우리가 학교에서 어른의 행실을 바꾸려고 한다면, 우리는 적어도 문화를 수정하고자 하는 셈이 된다. (교사 때문에 잘못된 행동을 하는 학생들이 얼마나 많은가? 만약 우리가 학생들의 잘못된 행동을 바로잡으려고 하지 않는다면 아이들은 그저 우리가 그들에게 던져 준 부정적인 환경에 금방 익숙해질 것이다.)

따라서 문화는 새로운 학생 지도 방식의 필요성에 대해 새로운 규칙을 계획하는 것으로 대응할 것이다. 이로써 문제는 해결되었다. 그러나 문화가 학생의 행동을 개선하길 원한다면, 그 학교는 문제에 영향을 주는 모든 요인을 검토할 것이며, 여기에 교사의 행동도 포함될 수 있다.

문화는 보통 문제를 발견하는 데 능숙하지 못하다. 문화는 현재 발생하는 것을 보호하기 위해 존재한다. 문제를 찾는 것은 변화에 대한 실마리를 제공하고, 이 실마리는 현재 상태를 비판하는 근거가 된다. 문화가 인식할 수 있는 유일한 문제는 사람들이 문제가 있다고 주장할 때이다. 문화는 다음과 같이 말할지도 모른다. "만약 사람들이 행복하지 않다면 사람들이 이 조직을 떠나면 돼."

다음 중에서 어떤 것들이 여러분 학교의 정체성에 해당되는 것이고 어떤 것이 해당되지 않는다고 생각하는가?

- 사회 경제적 지위가 낮은 환경에서 온 학생들
- 무관심한 학부모
- 낮은 성적
- 학업보다 운동을 더 중시

- 편중된 교사평가 절차
- 부족한 예산

이와 같은 문제를 안고 있지만 성공한 학교가 있는가? 성공한 학교와 여러분 학교 간의 차이는 무엇인가? 여러분의 학교가 위와 같은 문제를 넘을 수 없는 산으로 취급하는 동안에 성공한 다른 학교들은 어떻게 이러한 장애의 산을 뛰어넘었는가? 예시를 위해서 빈곤이라는 문제에 대해 좀 더 살펴보기로 한다.

빈곤은 학생과 학생의 가족에게 많은 어려움을 준다. 이런 어려움은 분명히 학교에도 영향을 미친다. 많은 학교에서 점점 더 많은 수의 학생이 저소득층 가정에서 자라서 공부도 잘하지 못하는 현상이 나타나고 있다(우리는 학교가 갑자기 고소득층 가정에서 공부를 잘하는 학생들을 대규모로 입학시키면 얼마나 많은 교사가 언짢아할지 궁금하다). 많은 학교는 학생 집단의 특성이 변화하는 것에 대한 우려를 갖고 있다. 우리의 관점에서 예전에는 잘 통했던 방법이 더 이상 효과적으로 통하지 않을 수 있다. 이전에 결핍된 학생들에게 전혀 효과가 없었던 방법이 이제는 효과적일 수도 있지만, 주목해야 할 점은 이제 우리가 결핍된 학생들을 더 많이 담당한다는 것이다. 게다가 학교는 저소득층 학생들이 눈에 띄게 많아짐에 따라 저소득층 학생들이 낙오되는 것을 예전만큼 눈감아 주지 않을지도 모른다.

어떤 문화들은 빈곤은 외부의 문제 혹은 사회적 문제라는 신념을 갖고 견고하게 버틸 수도 있다. 견고한 문화는 교사들이 자신의

236

방식이 여전히 '좋은 가정'에서 온 '좋은 학생'들에게 효과적이라며 정당화할 구실을 제공한다. 그리고 빈곤 수준이 개선되기 전까지 제한된 자원, 증가하는 요구, 낮은 봉급, 증가하는 책무성 등과 같은 문제에 대해 대처할 방안은 하나도 없게 된다. 학교의 문화는 실제로 변화에 가장 저항적인 교직원에게 도피처를 제공해 준다.

하지만 '변명거리'에서 벗어나 빈곤층 학생들에게 적합한 방법을 찾은 학교들도 많이 있다. 이런 학교들은 비슷한 인구통계학적 배경을 가진 학생들을 가지고서 그들이 가진 것보다 더 월등한 성공을 가져오거나 심지어 일부 교사들은 다른 교사들이 기피하는 학생들을 자신의 '행운'으로 여기기도 한다. 이런 단편적인 성공들은 기존의 문화가 약해지거나 틈을 보이게 만든다. 더 많은 교사가 학생의 발전에 대한 높은 수준의 책임감을 느낄수록, 교사들은 실제로 발전을 이룬 사람들을 찾으려고 할 것이다. 마침내 그 문화에서는 학생의 배경에 대해 불평하는 것은 공허한 변명에 불과한 지점에 이르게 된다.

비교를 하는 것 또한 도움이 될 수 있다. 몇몇 학교에서 사람들은 그들 스스로를 그들보다 운 좋은 사람하고만 비교하려고 한다. 이런 사람들은 다른 학교에서 그들보다 더 높은 봉급을 받는 사람과 스스로를 비교한다. 옆 학교가 폭설로 인해 휴교를 했으나 자신의 학교는 그러지 않았을 때 짜증을 내기도 하며, 자기 학교가 폭설로 인해 휴교를 하고 보강을 해야 할 때, 다른 학교가 보강을 하지 않으면 불평을 한다. 이런 반응은 문화라는 테두리 안에서 평범한 반응이지만, 외부인의 시각에서는 씁쓸하거나 심지어 우스워 보일 수도 있다. 교육 분야에 종사하지 않는 친구나 배우자에게 동료교사가 위와 같은 행동을 한다고 이야기했을 때, 그런 교사가 다른 회사나 조직에 있었다면 이미 해고되었을 것이라고 말하지 않던가? 학교 밖의 세상에서 사는 사람이 학교의 문화가 무엇인지, 학교 문화가 어떠해야 하는지에 대해 더 정확한 시각을 가지고 있을 수도 있다.

　비교 대상을 누구로 고르느냐에 따라 생각이 달라지기 때문에 비교는 매우 중요하다. 얼마나 많은 학교가 스스로를 '극빈층 학교'라고 생각하는지 안다면 놀랄 것이다. 자세한 수치를 보면, 어떤 학교는 전교생 중 19퍼센트의 학생이 무료급식 혜택을 받는다며 '고생'하고 있다고 하였다. 이 학교가 2015년의 전국 평균 학교당 무료급식학생 비율이 51퍼센트라는 것을 알게 된다면(Rich, 2015), 학교 안에서 오가는 대화의 내용이 달라질 수 있을 것이다. 현재 무료급식학생의 비율이 얼마이든 간에, 자신의 학교보다 더 불행하지만 성공한 학교의 존재를 아는 것은 자신의 학교가 처한 상황을 이해하는 시각을 전환하는 시발점이 된다. 우리는 종종 "이게 우리가 예전부터 하던 방식이야."라는 생각에 부딪힌다. 우리가 안고 있는 어려움을 똑같이 가지고 있지만 성공적으로 극복한 학교 또는 극복한 사람들을 통해서 우리는 나아가야 할 길을 찾을 수 있고 역사적인 변화의 한 부분이 될 수 있다.

　여러분은 아마도 '그럼 학교의 빈곤층 비율이 90퍼센트가 넘으면 어떡하지?'라고 생각할지도 모른다. 그렇다면 어려운 문제들은 개별 교사가 매일 조금씩 만드는 변화를 통해 해결되어야 한다. 하루

하루 만드는 작은 변화는 매우 중요하다. 작은 변화가 많은 학생들의 유일한 희망이라는 점을 생각하면 작은 변화는 매우 효과적일 수밖에 없다. 요점은 모든 학교가 똑같이 변해야 한다는 말이 아니다. 오히려 아주 다르게 변할 것이다. 진정한 목표는 교사의 관점을 바꿔서 학생들을 위한 변화와 발전이 일어나 다른 교사들이 이에 영향을 받고, 전체 문화가 움직여 나아가도록 만드는 것이다.

문화는 우리의 생각 속에 존재한다는 것을 항상 기억하라. 아주 적은 수의 사람이라도 마음가짐을 바꾸면 분명히 전체 조직을 옳은 방향으로 나아가도록 할 수 있다. 하지만 만약 어떤 주제에 대한 학교문화의 역할을 이해하지 못한다면, 문화는 곧 학교 발전을 방해하는 장애물이 될 것이다.

문화에 대해 주의해야 할 점 하나는 문화가 특히 리더에 의해서 변명거리로 사용되지 않아야 한다는 것이다. 유능하지 못한 리더들은 자주 다음과 같은 변명 뒤에 숨어 버린다. "교사조합(union) 때문에 내가 할 수 있는 일이 하나도 없어."라거나, "교육위원회 때문에 일을 못하겠어."라고 말이다. 이런 말은 어느 정도 사실일 수도 있지만, 이런 식으로 생각하는 것 또는 심지어 다른 사람에게 이런 말을 하는 것은 기존의 문화를 더욱 견고하게 만들기만 할 뿐이다. 그러면 문화는 조직에 필요한 일을 하는 데에 어마어마한 방해가 되고 만다.

교직원의 직무만족은 우리가 가지고 있는 기대와 관련이 있다. 만약 문화 내에서 낮은 기대감이 형성되어 있다면, 만족감은 아주 쉽게 느껴진다. 사기는 느낌보다는 문화에 대해 갖는 충직함 혹은 의리와 관련이 있다. 만약 우리가 하는 일이 동료들에 의해 가치 있게 평가된다면, 우리는 매우 기분이 좋을 것이고 계속 그 일을 하게 될 것이다. 그리고 학교를 떠나고 싶지 않게 한다. 학교 내 모든 사람의 사기를 인식하고 관심을 가지는 것은 중요하다. 또한 주요 인물들의 사기가 어떠한지 인식하는 것은 필수적이다. 모든 학교에는 재능 있는 사람들과 영향력 있는 사람들이 아주 조금밖에 없다. 이 세상은 두 종류의 집단이 최대한 겹칠 때 가장 잘 돌아간다.

과업의 우선순위 정하기

우리는 여러분의 교직원들과 다음과 같은 활동을 해 보기를 권한다. 우리는 다음의 활동들을 미국의 예비교장 연수에서 사용했고 그 결과는 성공적이었다.

교직원들에게 짧은 시간 내에 해결해야 하는 과제 10가지를 주어 보자. 그들이 할 일은 이 10가지 과제 중 어떤 것을 먼저 하고 어떤 것을 나중에 할지 우선순위를 정하는 것이다. 어떤 과제들은 명백히 1순위가 되어야 하는 것처럼 보이겠지만 어떤 과제들은 우스워 보이기 때문에 우선순위에서 밀려날 것이다. 실제로는 그렇지 않더라도 말이다.

우리는 교사들이 가장 중요하다고 생각하는 것과 리더들이 우선시하는 것을 비교해 보고 흥미로운 점을 발견했다. 우선순위를 매기는 활동을 통해 얻은 정보는 무엇이 옳은가에 대한 것이 아니다. 대신 같은 건물 안에서 일하는 사람들의 의견이 어느 정도 일치하는지 알 수 있다. 게다가 그 활동의 결과는 학교문화가 중시하는 가치를 대변하기도 한다. 기억해야 할 것은 만족도는 문제들이 우리가 기대하는 방향대로 해결되었을 때 충족된다는 점이다.

여러분이 사용할 수 있는 활동지의 예시는 다음과 같다.

다음의 10가지 과제의 우선순위를 직관적으로 매겨 보자. 1은 먼저 해야 할 일을 뜻하고, 10은 가장 덜 중요해서 나중에 해도 되는 일을 뜻한다.

___여러분이 유치원 교실 앞을 지나갈 때, 휴대전화를 사용하고 있는 보조교사를 발견했다.

___학교 관리인이 교사회의에 참석할 수 있게 해 달라고 여러분에게 부탁했다.

___여러분이 모르는 사람이 학교 정문으로 들어오고 있다.

___맛있게 구워진 빵 냄새를 맡았다.

___남자 화장실에서 웃음소리가 난다.

___교육감이 여러분에게 전화해서 여러분과 함께 교사 한 명의 수업을 참관할 수 있느냐고 묻는다.

___사서교사가 여러분에게 특정 교사가 도서관을 사용하는 수업에 늦게 온다고 두 번째 말한다.

___장애를 가진(관심을 요하는) 학생이 복도에 혼자 서 있다.

___여러분은 거울을 보았고 머리가 엉망인 것을 발견했다.

___교사 한 명이 학생 발표를 보라고 자신의 수업에 여러분을 초청했다.

실제 활동을 위해서, 여러분이 현재 직면한 문제와 관련된 과제 열 가지로 목록을 작성하라. 어리석은 일로 보일지라도 실제로 일어나는 선택지를 꼭 포함시켜야 한다.

/ / / / / / /

다음 장에서 우리는 직무만족과 사기를 넘어서 더 넓은 개념에 대해 알아볼 것이다. 가르치는 것이 '멋져' 보이게 만드는 것이다. 교직의 전문성에 대한 사회의 인식을 바꾸는 데에 문화가 어떤 역할을 하는지 알아보자.

스터디 가이드

1. 학교의 효과성과 교사 사기 또는 교사 만족 중에서 무엇이 더 중요한가?

2. 학교에 오랫동안 고심한 문제가 있는가? 목록을 만들어 보시오. 그것들이 다른 문제를 해결하지 못한 핑계가 되었는가?

3. 교사의 행동이 원인이 되는 학생의 문제를 파악할 수 있는가?

4. 241~242 페이지에서 제시한 작업의 우선순위를 정하고, 왜 그렇게 정했는지 그 이유를 말해 보시오.

CHAPTER
15

교직을
자랑스러워하는
문화형성

우리가 할 수 있는 것은 교직에 대한 긍정적인 이야기를 말해 주는 것뿐이고, 사람들이 교사를 욕하는 교육적 비난을 들었다면, 우리는 교사를 비난한 사람들이 그렇게 똑똑하냐고 웃어넘겨야 한다.

미국에서 1970년대에는 군대에서 복무하는 것이 멋진
일은 아니었다. 베트남 전쟁 시기에는 많은 사람이
짧은 머리에 군복을 입고 다니는 것을 부끄러워했다. 하지만 21세
기에는 모든 것이 바뀌었다. 이제 공공장소에서 군복을 입고 있는
사람이 칭찬을 받고, 감사하다는 말을 들으며 사람들로부터 포옹
을 받기도 한다. 어떤 사람은 심지어 군인들에게 저녁을 사 주기도
한다. 이제 군복무를 하는 것은 자랑스러운 일이다.

1970년대에 미국에서 교사는 자랑스러운 직업이었다. 사람들은
선생님들이 하는 일을 존경했으며, 선생님을 높은 수준의 도덕성
을 가지고 있고 신뢰할 만하다고 여겼다. 그러나 21세기에는 그렇
지 못하다. 많은 교사가 사회적인 모임에서 그들의 직업을 먼저 밝
히지 않는다. 교사라는 직업은 사회적 문제들과 관련이 있다고 여
겨진다. 수많은 요인으로 인해서 미국에서 교사에 대한 신뢰는 무
너졌다. 간단히 말해서 가르치는 일은 더 이상 자랑스러운 직업이
되지 못하고 있다.

더 이상 교사들이 자기들의 자녀에게 교사가 되라고 하지 않는
다는 연구 결과가 있다(England, 2015). 교육계의 문화는 우리에게
주변을 둘러보고 환경의 변화에 맞게 변화할 것을 요구하고 있다.
그러나 우리는 주도권을 쥐고 있는 팀(정책 입안자)을 상대로 너무

많은 방어를 하고 있는지도 모른다.

만약 우리가 잘못하고 있는 점을 들여다보면 사회에서 가르치는 직업에 대한 환멸이 생기는 많은 이유를 발견할 수 있을 것이다. 그러나 어떤 학교들은 가르치는 것을 하나의 직업이라기보다 하나의 전문분야로 보이는 것을 가능하게 한다. 그리고 우리는 사람들이 이런 학교에서 진정한 교사가 되는 것을 발견한다. 변화를 시키고자 하는 좋은 교사들 말이다. 무엇이 교사들에게 자부심을 심어 주는가? 교직을 자랑스러워하지 않는 교사에게는 무슨 일이 일어난 것이며, 우리는 그런 교사들을 위해 무엇을 할 수 있는가?

우리는 교사들과 직원들에게 지속적으로 우리가 매일 변화를 만들어 내는 사람들이라는 점을 상기시켜 주어야 한다. 교육자들이 하는 일은 쉬워 보이지만 그게 그렇게 쉽지는 않다는 것을 알려 주어야 한다. 따라서 좋은 교사들은 일이 쉽다는 이유로 교직을 선택하지 않는다. 오히려 그들은 교직이 중요하고, 필수적이며, 학생의 삶을 바꾸는 일이기 때문에 이를 선택한 것이다. 학교의 리더로서 교사가 되어서 얼마나 행운인지, 얼마나 감사한지, 그리고 얼마나 복 받았는지 명심하는 것은 우리가 반복적으로 불러야 하는 노래와 같다. 우리가 할 수 있는 것은 교직에 대한 긍정적인 이야기를 말해 주는 것뿐이고, 사람들이 교사를 욕하는 교육적 비난을 들었다면, 우리는 교사를 비난한 사람들이 그렇게 똑똑하냐고 웃어넘겨야 한다.

외부 기관들(주교육부나 선출직 공무원들)이 점수나 새로운 평가 방식을 기반으로 평가하는 바람에 우리가 위험에 처했다고 느끼게 하고 있다. 이들이 문제 삼는 것들을 나열하면 꽤 많다. 그러나 이와 별개로 우리는 어떤 일이 생기든 간에, 일단 교사와 학생들만 교실에 있게 되면 매일매일 특별한 일이 발생한다는 점을 항상 명심해야 한다. 이것이 정말로 중요한 점이다. 학생들은 교사와 함께한 그 순간을 기억할 것이다. 이 점이 변화를 만든다.

문화가 우리의 마음속에 존재한다는 점을 기억한다면, 이성(理性)만 가지고 문화를 바꾸는 것은 불가능하다는 결론에 이를 수 있다. 감성이 노력의 일부라는 점은 아주 중요하다. 우리는 스토리를 공유하고, 성과를 축하하고, 우리가 왜 교직을 선택했는지 상기하며 일할 수 있다. 우리는 다른 사람들이 꺼리는 사람들이 아니라 모두가 선망하는 사람들이 될 수 있다. 교직을 선택하는 사람들이 거의 없는 시기일수록, 여러분의 학교에 능력 있는 사람을 끌어들일 기회는 더 커질 수 있다. 오직 최고로 능력 있는 사람들만이 사회적 지지가 없더라도 교사가 되고자 할 것이다. 교사에 대한 수요는 더 적은 사람이 교직을 선택할수록 증가할 것이다. 이런 현상은 한편으로는 교직의 질 관리가 될 수도 있다는 가능성을 보여 준다.

학교의 고유 브랜드 만들기

학생들을 위해 조성된 환경을 교육자가 이해할 때 사용할 수 있는 특별한 방법이 있다. 환경에 대해 이해하고 싶다면, 여러분이나 여러분의 교직원들은 다음의 단서를 사용하여 학교를 묘사하면 된다.

- 학교 외관의 단단한 정도와 구조
- 다섯 개의 주제나 용어
- 과거부터 현재까지 사용되는 교훈 혹은 격언
- 정문을 지키는 경비의 유형(순찰, 괴물, 변호사 등)
- 학교에서 먹는 음식의 유형(패스트푸드, 급식, 도시락 등)
- 지역의 특색을 반영한 일화
- 교내 스포츠(복싱, 골프, 야구)
- 주인공이 몇 안 되는 영화
- TV쇼의 종류(드라마, 시트콤, 예능)

앞 단서들의 답을 통해 학생이 학습할 환경의 전체적인 이미지를 만들어 낼 수 있다. 앞 단서를 사용해서 토의를 하다 보면 우스운 생각도 날 것이고, 학교에서 벌어지는 일에 대한 새로운 시각을 제시하게 될 수도 있을 것이다. 특히 학교에서 벌어지는 일 중에서 왜 어떤 현상이 발생하는지, 누가 발생시키는지, 그 현상을 바꿔야 하는지, 바꾸어야 한다면 누가 책임질 것인지에 대한 토의로 발전할 수 있다.

자부심의 재현

교육자는 큰 변화를 만들어 낼 수 있는 사람이기 때문에 직업에 대해 자랑스러워할 이유가 충분히 있다. 때로는 쉽게 이 사실을 잊어버리기도 한다. 우리는 긍정적이고 협력적인 학교 문화가 교내의 모든 구성원이 지속적으로 스스로가 특별하다고 느끼는 데에 일조한다는 사실을 명심해야 한다. 교사들에게는 특별한 느낌과 같은 지지와 지원이 필요하다. 또한 우리의 학생들은 긍정적이고 협력적인 문화가 있는 환경에서 학습할 자격이 있다.

///////

교사들이 부임 첫해에 느끼던 설렘을 다시 느낄 수 있게 하라. 문화를 이용해서 기존의 사람들이 더 나은 사람들이 되게 하라. 문화는 절대 잠들지 않는다. 그리고 문화는 여러분이 하는 일에 대해 자부심을 느끼길 바라고 기대하고 있을 것이다. 마지막으로 유능한 사람들이 문화를 개선하는 데에 최선을 다하도록 만들어라. 그것이 여러분이 해야 할 일이다.

스터디 가이드

1 우리는 다시 교직을 자랑스럽게 만들고자 한다. 학교에서 '자랑스러운'이란 의미는 무엇인가? 어떻게 시작하겠는가?

249

결론적 생각

미션과 비전에 맞춰 문화를 조정하길 기대한다.

책을 마무리하기 전에 독자 여러분과 나누고 싶은 생각이 몇 가지 더 있다. 이 생각들은 완벽하게 정리되지 않은 채 우리의 머릿속을 감돌고 있는 아이디어이므로 여러분도 이 아이디어에 대해 고민해 주길 바란다.

학교문화, 미션, 비전 중 무엇으로 학교를 운영하는가?

많은 학교리더가 학교를 운영하는 힘으로 미션과 비전을 꼽는다. 하지만 우리는 학교가 돌아가게 만드는 힘은 학교의 문화라고 생각한다. 아무리 훌륭한 씽크탱크나 위원회가 멋진 미션과 비전을 개발하여 제시하더라도, 문화에 따라 미션과 비전을 해석하는 방식이 달라질 것이다. 만약 학교의 문화와 미션, 비전이 추구하는 바가 서로 연관되어 있다면, 훌륭한 변화가 발생할 것을 기대해도 좋다. 그러나 문화와 미션, 비전 사이에 부조화가 있다면 문화가 이길 것이다. 하지만 우리는 여러분이 이와 반대되는 상황을 만들기를 바란다. 미션과 비전에 맞춰 문화를 조정하길 기대한다.

앞 문장의 의미를 다시 설명해 보자면 다음과 같다. 이는 여러분과 여러분의 동료들 사이에서 노력하여 (1) 여러분이 하는 일, 그리고 (2) 여러분이 여기에 존재하는 이유에 맞춰서, (3) 앞으로 여러분이 되고 싶은 그런 사람을 조정하라는 뜻이다.

이 설명이 도움이 되는지는 알 수 없으나, 만약 기본적으로 여러분이 (1) '여기서 무엇을 하는지' 모르고 있다면, (2) 왜 계속 학교에 출근하는지, 또는 (3) 5년 이내에 학교가 어떤 모습이 되었으면 좋겠는지에 대한 결정을 문화가 대신 내릴 것이다. 그렇다면 이후 5년간의 모습은 지난 5년간의 모습과 다를 바가 없을 것이다.

사람들이 '여기서 무엇을 하든' 보통 그 '무엇'은 가장 하기 쉬운 일이다. 우리가 언제나 하는 일을 지속하기 쉽게 만드는 일종의 경로와 같은 것이 존재하기 때문이다. 우리가 늘 하던 일을 할 때마다, 우리는 그 일이 정답인 것처럼 여긴다. 미션은 우리에게 우리가 왜 일을 해야 하는지 말해 주며, 비전은 우리가 하는 일이 충분한지 말해 주어야 한다. 문화는 미션이나 비전이 우리가 늘 하던 일을 방해하지 않도록 감시하는 역할을 한다.

문화충격을 줄이기 위한 문화적 거리 이해

이 부분을 설명하기 위해 인류학 분야에서 사용되는 '문화적 거리'라는 개념을 빌려 왔다. 문화적 거리는 한 집단의 가치와 신념이 다른 집단의 가치와 신념과 다를수록 증가한다. 두 집단 사이에 공통점이 적어 질수록 '문화적 거리'가 증가하는 것이다. 어떤 학교의 문화는 다른 학교들이 가진 문화와 매우 다르다는 점 때문에 이 개념을 설명하기로 하였다. 때로는 서로 8킬로미터 정도 떨어진 학교들 사이의 문화적 거리가 160킬로미터 떨어진 학교와의 문화적 거리보다 더 클 때도 있다.

두 학교 사이에 존재하는 문화적 거리를 고려하면 어떤 사람이 학교를 옮겼을 때 문화 충격을 경험하며 제대로 적응하지 못하는 경우가 가능한가? 더 자세히 말하자면 여러분의 학교에 새로 온 교사가 다른 교사들보다 쉽게 영향을 받거나 동화될 수 있는가? 여기서 새로 온 교사는 갓 부임한 신임교사일 수도 있고 다른 학교에서 온 경험 많은 교사일 수도 있다. 문화는 모든 사람을 동화시키려는 속성을 갖는다. 하지만 어떤 사람들은 새로운 학교에 와서 '우아, 이 사람들 정말 이상해.'라고 생각할 수도 있다. 그러나 '이상함'에 대한 느낌은 보통 몇 주 안에 사라져 버린다. 대부분의 사람들의 경우에는 말이다.

지속적으로 학교가 이상하다고 생각하는 사람이야말로 여러분이 변화를 만들기 위해 필요한 자원이다. 발전을 못하게 하는 가장 좋은 방법은 현 상태에 잘 적응하는 사람에게 보상을 주는 것이다. 현 상태가 최선의 상태가 아닌 경우에 말이다. 여러분이 다음에 새로 교사를 채용할 때에는 최적의 문화적 거리가 어느 정도인지 고려할 필요가 있을 것이다.

문화에 귀 기울일 때와 무시해야 할 때

과거에 발생한 일은 미래에 어떤 일이 일어나는 것이 좋은지에 대한 관점을 제공해 준다. 우리의 성공과 실패는 더 나은 상태를 위한 밑거름이 될 것이다. 문화의 목소리는 과거의 목소리와 같다. 화재 현장 옆에 앉아서 천천히 무릎 위에 담요를 덮고 불길을 바라보는 나이 든 노인을 상상해 보라. 우리는 이 노인이 불빛이 흐릿한 방에서 과거를 회상하고 있을 것이라고 추측할 수 있다. 만약 우리가 이 노인에게 다가가 질문을 한다면 전형적인 대답은 아마 "글쎄, 내가 왕년에 말이야….''라는 말로 시작할 것이다. 이 노인이 문화라고 생각해 보라. 이 노인이 알려 주는 지혜는 매우 오래전의 것이다. 오래된 지혜는 유용한 생각을 포함하고 있을 수도 있지만 이야기가 반복적으로 전해질 때마다 이야기가 조금씩 바뀌어 원래 이야기와 달라졌을 수도 있다.

여러분의 할아버지가 거짓말쟁이라는 뜻이 아니다. 우리는 삶의 수많은 축복과 역경을 견디고 더 나은 사람이 된 연장자들을 존중한다. 비슷한 맥락에서 우리는 대부분의 학교문화가 보통 좋은 결정을 내린다고 믿는다. 만약 문화가 좋은 결정을 내리지 못하면 학교는 문을 닫아야 할 것이다. 여기서 우리가 전하고자 하는 말은 때때로 문화가 최선의 결정을 제시하지 못할 때가 있다는 것이다. 이런 잘못된 결정은 문화가 미래를 신경 쓰지 않기 때문이 아니라, 문화가 미래의 불확실성을 감당하지 못할 때에 발생한다. 만약 다음에 해야 하는 일에 대한 의문이 생긴다면, 문화는 관련이 있든 없든 과거에 제시되었던 해결책을 꺼내 들 것이다. 가끔 문화는 우리가 문제를 해결하기보다는 그저 평소에 하던 일을 함으로써 안정감을 느끼도록 만든다. 이는 마치 자동차 앞 유리를 교체하는 사람을 돕는답시고 망치를 가져다주는 것과 같은 현상이다.

세상이 급변하고 불확실한 미래가 더 빨리 다가올수록 과거의 사건은 덜 중요해진다. 5년 전에는 존재하지 않았던 문제를 마주하면 어떻게 해야 하는가? 많은 사람들이 아직 세상에 존재하지 않는 직업을 위한 교육을 한다고 선언하면서, 1950년대의 교실 환경과 교수법으로 회귀하는 경우가 많다.

만약 어떤 문제가 해결되지 않고 지속된다면 그 이유는 아마 문화가 그 문제를 해결할 수 있는 수단을 이전에 마련한 적이 없기 때문일 것이다. 이런 현상은 우리가 과거에 형성된 시각으로 가장 유능한 교사들(신임교사이든 경력이 많은 교사이든)을 대할 때 발생한다.

///////

사람과 문화 간의 관계는 엄청나게 복잡하고 말할 것도 없이 중요하다. 상황에 따라 사람과 문화는 서로의 원인이 되기도 하고 결과가 되기도 한다. 하지만 사람과 문화가 서로 직간접적인 관계를 맺고 있는지에 대해서는 논쟁의 여지가 없다. 사람과 문화는 직간

접적으로 긴밀하게 연관되어 있다. 학교의 리더는 이런 역동적인 관계에 관심을 가져야 한다. 우리는 언제나 사람과 문화가 서로를 긍정적인 방향으로 끌어올릴 수도 있지만 서로를 나락으로 떨어뜨릴 수도 있다는 점을 명심해야 한다. 사람과 문화 중 어느 한 가지만 바꿔도 나머지 하나는 영향을 받게 된다. 둘 중 하나를 무시한다면 다른 하나도 해치는 셈이 된다. 우리가 하는 일에 대한 주의 깊은 관심은 우리의 학교와 구성원들에게 큰 영향을 미치게 된다. 바꾸기 어렵더라도 변화를 위해 도전하는 것이 가장 중요하다. 우리가 노력을 해야 하는 이유가 여기에 있다. 문화는 언제나 승리한다. 그리고 만약 긍정적인 문화가 승리한다면 우리의 학생들도 승리할 것이다.

참고문헌

Brown, B. (2015). *Daring greatly: How the courage to be vulnerable transforms the way we live, love, parent, and lead.* Knoxville, TN: Avery.

Collins, J. (2001). *Good to great: Why some companies make the leap … and others don't.* New York: HarperCollins.

Cruz, L. (2015). *Transforming school culture: Exploring effective principal school leadership.* Keynote address presented at the Annual Fall Conference of the Indiana Association of School Principals.

Deal, T., & Kennedy, A. (1982). *Corporate cultures: The rites and rituals of corporate life.* New York: Addison-Wesley.

Dewey, J. (1938/1993). *Experience and education, 60th anniversary ed.* Kappa Delta Pi: Indianapolis, IN.

England, E. S. (2015). *The relationship among reasons teachers entered the profession, job satisfaction, and encouraging future teachers.*

Unpublished dissertation, Indiana State University, Terre Haute.

Fullan, M. (2014). *The principal: Three keys to maximizing impact.* San Francisco: Jossey-Bass.

Fullan, M., & Quinn, J. (2016). *Coherence: The right drivers in action for schools, districts, and systems.* Thousand Oaks, CA: Corwin.

Glasser, W. (1998). *Choice theory: A new psychology of personal freedom.* New York: Harper Collins.

Gruenert, S., & McDaniel, T. (2009). The making of a weak teacher. *The School Administrator, 66*(10), 30.

Gruenert, S., & Whitaker, T. (2015). *School culture rewired: How to define, assess, and transform it.* Alexandria, VA: ASCD.

Hargreaves, A. (2015, Autumn). Push, pull and nudge: The future of teaching and educational change. *LEARNing Landscapes, 9*(1), 119.

Heath, C., & Heath, D. (2007). *Made to stick: Why some ideas survive and others die.* New York: Random House.

Lewin, K. (1936). *Principles of topological psychology.* New York: McGraw-Hill.

Lindstrom, M. (2008). *Buyology: Truth and lies about why we buy.* Crown Business: New York.

Maslow, A. H. (1943). A theory of human motivation. *Psychological Review. 50* (4): 370-396. Accessed http://psychclassics.yorku.ca/Maslow/motivation.htm.

Rich, M. (2015, Jan. 16). Percentage of poor students rise. *New York Times.* Accessed.http://www.nytimes.com/2015/01/17/us / school-poverty-study-southern-education-foundation.html?_r=0.

Treasurer, B. (2014). *Leaders open doors* (2nd ed.). Danvers, MA:

American Society for Training & Development (ASTD).

Turner, E. A. (2013). *What effective principals do to improve instruction and increase student achievement.* Unpublished dissertation, Indiana State University, Terre Haute.

Whitaker, T., Whitaker, B., & Lumpa, D. (2013). *Motivating and inspiring teachers: The educational leader's guide for building staff morale* (2nd ed.). New York: Routledge.

찾아보기

5수준의 리더십 67

LBN 176

PLC 165

ㄱ

가상적인 섬 56

건강의 슬라이딩 척도 134

경쟁 학교문화 138

관리 205, 224

관습 196, 208

교사조합 239

교사풍토 30, 32

교육문화 105

교직의 전문성 242

규범 설정자 80

규정 38

규준 31

규칙 38

기업 문화 132

ㄴ

내부 각본 131

ㄷ

독성 학교문화 137

동료 압력 75

동료문화 94

ㄹ

리더십 34, 224

리더십 계량화 175

리더십과 문화 169

리더의 역할 80

리히터 척도 175

ㅁ

문화 30, 37

문화 파괴 154

문화 파괴자 209

문화결합증후군 45

문화의 개선 29

문화의 층 89

문화적 수렴이론 77

문화적 지렛대의 작용점 89

미국 교육구 수준의 문화 121

미묘한 균형 33

민족 중심주의 46

ㅂ

벙커 심리 71

변경 효과 181

분노의 질주 7 22

분열 학교문화 137

비전 39

ㅅ

사기 224, 229

사람의 개선 29

사정 108

선별적 접근 70

수업개선 89

스트레스 68

스푸트니크 충격 180

실천연구 22, 24

ㅇ

악마 옹호자 131

안일 학교문화 138

안전지대 55, 56, 59

양심적 봉사자 80

역할 모델 84

용광로 효과 76

월요일축하의식 154

위로 클럽, 아래로 클럽 151

유(Eu)스트레스 73

의식 38, 196, 208

264

ㅈ

자기충족예언 224

전문능력개발 136

전문직 복장 148

전문직적 종교 30, 43

전문학습공동체 79, 124, 125, 163

조직문화 30, 37, 147

조직풍토 29, 30

증거 기반의 교사 효과성 척도 109

직무만족 224, 229

진북 134

집단 사고 77

ㅊ

참호증후군 120

충실 직원 133

ㅌ

티핑 포인트 96

ㅍ

파편 학교문화 137

풍토 30

ㅎ

하위풍토 30, 32

학교 활력화 35

학교리더 91

학교문화 33, 35, 40, 41, 43, 53, 76, 110, 119, 198

학교문화 형성자 208

학교문화 활성화 40, 121, 193

학교문화 활성화: 학교문화의 정의, 사정, 변혁 21

학교문화의 주 저장소 57

학교풍토 41, 198

학급관리 전략 151

학급문화 117

학생풍토 30, 32

학습의 계기 보호 96

학습환경 106

협력 학교문화 40, 138

협력문화 43, 76, 94

찾아보기

저자 소개

Steve Gruenert는 미국 인디애나주립대학교(Indiana State University) 의 교수이다. 그는 20년 이상을 조직문화와 조직풍토에 관하여 연구하고 이들 개념의 발전 과정에 대하여 계속해서 다른 연구자들과 함께 탐구하고 협동 노력해 왔다. 그리고 이 책의 전작(前作)에 해당하는『학교문화 활성화: 학교문화의 정의, 사정, 변혁(School Culture Rewired: How to Define, Assess, and Transform It)』과『구속받지 않는 마음: 교장의 오른쪽 뇌를 사용하여 리드하는 방법(Minds Unleashed: How Principals Can Lead the Right-Brained Way)』이란 책의 공동저자이기도 하다. 그는 세 딸을 두고 있고 부인도 또한 미국 인디애나주립대학교의 학생 상담자로 근무하고 있다.

Todd Whitaker는 그의 전문직의 전문성과 열정을 통합할 수 있어서 행운이라고 한다. 그는 교육 분야에서 앞서가는 발표자이다. 미국 미주리대학교(University of Missouri)의 교육리더십 교수이고 미국 인디애나주립대학교의 명예교수이다. 그는 교사와 교장으로 근무한 경력이 있고『학교문화 활성화: 학교문화의 정의, 사정, 변혁(School Culture Rewired: How to Define, Assess, and Transform It)』과『훌륭한 교사는 다르게 가르친다(What Great Teachers Do Differently)』『교사의 초임 1년(Your First Year)』『원숭이 재주: 유혹으로부터 좋은 사람을 보호하는 방법(Shifting the Monkey: The Art of Protecting Good People From Liars, Criers, and Other Slackers)』등의 책을 포함하여 40여 권의 책을 단독 또는 공동으로 저술하였다. 부인과 함께 세 자녀를 두고 있다.

역자 소개

주삼환(Joo, Sam-Hwan)
서울교육대학교, 서울대학교 교육대학원 교육행정전공 석사
미국 미네소타대학교(University of Minnesota) 대학원 Ph.D.
서울시내 초등교사 약 17년, 충남대학교 교수 약 25년, 한국교육행정학회
회장 역임
현 충남대학교 명예교수
저서: 교육행정 및 교육경영(공저, 학지사. 2015)
　　　우리의 교육 몸으로 가르치자(한국학술정보(주), 2005)
　　　장학의 이론과 기법(학지사, 2003) 외 약 50권

이석열(Lee, Suk-Yeol)
충남대학교 교육학 학사, 석사, 박사
현 남서울대학교 교양학부 교수, 교직부장, 교육혁신원 원장
저 · 역서: 창의적 사고와 표현(공저, 남서울대학교 출판부, 2018)
　　　교육행정 및 교육경영(공저, 학지사, 2015)
　　　분산적 리더십(공역, 시그마프레스, 2011)
　　　블루리본 스쿨(공저, 학지사, 2009) 외 다수

신붕섭(Shin, Boong-Seop)

충남대학교 교육학과 학사, 석사, 박사

한국교육행정학회 이사, 한국교원교육학회 이사

나사렛대학교 기획처장, 교육혁신평가본부장 역임

현 나사렛대학교 중등특수교육학 교수

저서: 교직으로 가는 논리 논술(학지사, 2017)

　　　교육행정 및 교육경영(공저, 학지사, 2015)

　　　학교 폭력의 예방과 대책(공저, 태영출판사, 2014)

　　　교육학개론(공저, 양서원, 2013)

　　　교사교육론(공저, 태영출판사, 2009) 외 다수

김규태(Kim, Kyu-Tae)

미국 텍사스대학교 오스틴캠퍼스(The University of Texas at Austin), Ph.D.

현 계명대학교 사범대학 교육학과 조교수

저서: 교육학 논리 및 논술(양성원, 2017)

　　　교육행정 및 교육경영(공저, 양서원, 2017)

　　　교육조직행동척도(공저, 양서원, 2015) 외 다수

논문: 학생 리더십 연구 동향 분석(교육문화연구, 2017)

　　　교육책무성 정책에 따른 집단적 교사효능감, 교사 신뢰, 조직공정성 변화에 대한 초등교사 인식 분석(공저, 2016, 교육정치학연구) 외 다수

역자 주삼환의 저·역서

학지사(www.hakjisa.co.kr)
1. 수업장학: 수업예술과 수업과학 지원(공역, 2015, 학지사)
2. 교육리더십: 연구와 실제(역, 2013)
3. 교육윤리리더십: 선택의 딜레마(역, 2011)
4. 불가능의 성취(2009)
5. 블루리본스쿨(2009)
6. 교육행정사례연구(2007)
7. 교육행정철학(2007)
8. 장학의 이론과 기법(2006)
9. 학교경영의 이론과 실제(공저, 2006)
10. 미국의 교장(2005)
11. 지식정보화 사회의 교육과 행정(2000)
12. 학교경영과 교내장학(1996)
13. 21세기의 한국교육(2016)
14. 대한민국 한 교사의 삶과 생각(2016)
15. 교육행정 및 교육경영(공저, 2015)

시그마프레스(www.sigmapress.co.kr)
16. 학업성취 향상 수업전략(공역, 2010)
17. 교육행정원리(2010)
18. 리더십패러독스(2009)
19. 도덕적 리더십(2008)
20. 한국대학행정(2007, 우수도서 선정)

태영출판사(www.taeyeongbook.co.kr)
21. 한국 교원행정(2006)

한국학술정보(www.kstudy.com): 주삼환 교육행정 및 장학 시리즈 도서 35권

I. 교육 칼럼 및 비평 시리즈
I-1 우리의 교육, 몸으로 가르치자,
I-2 질의 교육과 교육행정,
I-3 교육이 바로 서야,
I-4 위기의 한국교육,
I-5 전환시대의 전환적 교육,

II. 장학론 시리즈
II-1 교육의 질 향상을 위한 장학의 이론과 기법(e-book)
II-2 수업분석과 수업연구(공저),
II-3 전환적 장학과 학교경영,
II-4 장학: 장학자와 교사의 상호작용(역),
II-5 임상장학(역),
II-6 교육행정 특강,
II-7 교장의 리더십과 장학,
II-8 교장의 질 관리 장학,
II-9 교육개혁과 교장의 리더십,
II-10 선택적 장학(역),
II-11 장학 연구,
II-12 인간자원장학(역)

III. 교육행정 시리즈
III-1 올바른 교육행정을 지향하여,
III-2 한국교육행정강론,
III-3 미국의 교육행정(역),
III-4 지방교육자치와 대학자치,
III-5 전환기의 교육행정과 학교경영,
III-6 고등교육연구,
III-7 교육조직 연구,
III-8 교육정책의 방향(역)

IV. 교육행정철학 시리즈
IV-1 교육행정철학(역),
IV-2 리더십의 철학(역),
IV-3 대안적 교육행정학(공역),
IV-4 교육행정사상의 변화,

V. 교육행정 관련학문 시리즈
V-1 교양인간관계론(역, e-book),
V-2 입문 비교교육학(역),
V-3 사회과학이론입문(공역),
V-4 허즈버그의 직무동기이론(역),
V-5 미국의 대학평가(역)

학교문화 리더십

School Culture Recharged

:Strategies to Energize Your Staff and Culture

2019년 2월 25일 1판 1쇄 발행
2022년 5월 30일 1판 2쇄 발행

지은이 • Steve Gruenert · Todd Whitaker
옮긴이 • 주삼환 · 이석열 · 신붕섭 · 김규태
펴낸이 • 김 진 환
펴낸곳 • (주) **학지사**

04031 서울특별시 마포구 양화로 15길 20 마인드월드빌딩 5층

대표전화 • 02) 330-5114   팩스 • 02) 324-2345

등록번호 • 제313-2006-000265호

홈페이지 • http://www.hakjisa.co.kr
페이스북 • https://www.facebook.com/hakjisabook

ISBN 978-89-997-9268-7 93370

정가 14,000원

이 도서의 국립중앙도서관 출판시도서목록(CIP)은 서지정보유통지원시스템
홈페이지(http://seoji.nl.go.kr)와 국가자료공동목록시스템(http://www.nl.go.kr/kolisnet)
에서 이용하실 수 있습니다.
(CIP제어번호: CIP2019006155)

출판 · 교육 · 미디어기업 **학지사**

간호보건의학출판 **학지사메디컬** www.hakjisamd.co.kr
심리검사연구소 **인싸이트** www.inpsyt.co.kr
학술논문서비스 **뉴논문** www.newnonmun.com
원격교육연수원 **카운피아** www.counpia.com